Ⓢ新潮新書

岩竹美加子
IWATAKE Mikako

フィンランドの教育はなぜ世界一なのか

817

新潮社

はじめに

世界一の教育はシンプルだった

私の息子は、1994年にフィンランドで生まれた。5歳から8歳までの3年間は、東京で暮らし、1年間の保育園生活を経て、2001年に区立小学校に入学、2年生の終わりまで通った。その後フィンランドに戻り、2018年5月に、応用科学大学を卒業、現在は、パートナーと共に暮らしながら働いている。数年働いたら、大学で学び、修士を取るつもりでいる。

息子は2つの国で育ち、私は2つの国の教育を体験した。本書は、その経験を元にフィンランドの教育のあり方と、日本の教育との違いを考えるものである。

フィンランドは、人口約550万人、北欧の地味な小国だが、2000年代以降、PISA(15歳児童の学習到達度国際比較)で、読解力や科学的リテラシーなどの多分野において1位を獲得し、世界一の教育と日本でも注目されるようになった。

私が体験したフィンランドの教育の良さは、何よりもそのシンプルさにある。入学式や始業式、終業式、運動会などの学校行事がない。授業時間は少なく、学力テストも受験も塾も偏差値もない。統一テストは、高校卒業時だけだ。服装や髪型に関する校則も制服もない。部活も教員の長時間労働もない。日本では、「学校、家庭、地域」と言うが、フィンランドには教育に関して地域という考えはなく、さまざまな連絡協議会、青少年育成委員会など、学校を取り巻く煩雑な組織がない。

そうしたシンプルな教育を支えるのは、徹底した教育無償化と平等、子どもの権利やウェルビーイング、子どもたち自身の教育への参加などの理念である。ウェルビーイングは、日本では福祉と訳されることが多いが、フィンランドでは生きていく上での快適さ、満足感、充足感、安心、自信、健康など、幅広い意味を持つ。

学校がシンプルであることは、親にとってもストレスが少ない。小学校から大学に至るまで教育費は無償なので、経済的、精神的にとても楽だ。小中学校では、教科書やノート、教材等も無償で支給される。学級費やその他、諸費用はない。給食も、保育園から高校まで無料である。

入学に際して、ランドセルや新しい服など高価な買物は必要ない。教科書や教材は学校に置いていくので、小さな子どもが、毎日重いカバンを背に通学する必要はない。持ち物すべてに名前を書く必要もない。学校と保護者の間の連絡や情報交換には、メールシステムが使われ、学校からの手紙やプリント類はほとんどない。

教育が無償であることに加え、国が17歳以上の人に給付型奨学金、学習ローン、家賃補助から成る学習支援を行う。この中で返済の必要があるのは学習ローンだが、保証人は国なので、親や親族が保証人になる必要はない。

フィンランドでは、教育の無償と平等が強調される。人は、決して平等には生まれてこないし、平等は実現することのない理想かもしれない。しかし、だからこそ、国が平等で無償の教育を提供する。貧富、性別、宗教、年齢、居住地、民族、性的指向などの違いによって差別されることのない、等しい出発点を一人一人に保証する。そうした違いのために教育を受けられなかったり、断念したり、差別されたりする事がないよう、教育の平等を保障、一人ひとりの充足度を高めていくことが出発点である。

フィンランドの教育のもう一つの良さは、子どもの様々な権利が保障されていて、それが教育の出発点であることだ。フィンランド憲法第6条は、「子どもは個人として平等に扱われなければならない。また成長に応じて、本人に関する事柄について影響を及ぼすことができなければならない」としている。

続いて、憲法第7条は「すべての人に生命権、個人の自由、不可侵、及び安全への権利がある」と規定する。「不可侵」は、日本では不可侵条約など国家に関連する事柄という印象があるのではないだろうか。しかし、フィンランドでは個人についても使われる言葉で、子どもも他者から侵されることのない権利を持つ。「安全への権利」は、物理的な安全の他、恐れや不安などからの自由も意味する。第7条は、さらに「法的根拠なく、恣意的に個人の不可侵に介入してはならず、自由を剝奪してはならない」と規定している。

「個人の不可侵」を教育にひきつけて解釈すると、過度に干渉されたり、無理な指導に苦しめられたり、細かい校則や決まりに縛られることのない精神と身体も指すだろう。

フィンランドで、子どもは国家によって一方的に教育され、指図を受ける存在ではなく、参加の権利も持つ。基本教育法第47条は、「教育を行う者は、すべての児童生徒が学校の活動と発展に参加でき、本人の地位に関する事柄に関して意見を表明できるよう配慮し、推進する。児童生徒には、教育計画及び、それに関する計画、学校の規則作成に参加する機会を作らなければならない」としている。実際に、国の教育計画を更新するにあたっても、多数の子ども達の意見を聞いている。

フィンランドの教育が目指すものは、子ども一人ひとりが自分を発展させ、自分らしく成長していくことである。それは、知識を習得したり、学力を高めたり、偏差値を上げたりすることではない。いかに学ぶかを学ぶこと、創造的、批判的思考を身につけ、自分自身の考えを持つこと、アクティブで良識ある市民として成長することである。そうした能力を持つ市民は、国家や権威を批判、抵抗することもあるだろう。しかし、さまざまな議論が行われる事が、民主主義を持続、必要な修正を行いながら発展させていく基盤になる。

フィンランドに受験はなく、受験のための勉強もない。中学卒業後は、高校と職業学校に進路が分かれ、普通、18歳で卒業する。また、18歳で成人になり、大人として人生を出発していく。卒業後、進学する場合は、大学と応用科学大学がある。その2つの違いは、大学がより学問的、理論的なことを学ぶのに対し、応用科学大学はより実際的、実学的なことを学ぶことである。

面白いのは、高校卒業の方が、大学・応用科学大学入学より重要な出来事であることだ。高校卒業の日は、親が親戚などを招いて、大きなパーティを開く。それは成人し、そう遠くない将来、親元を離れて自立していくお祝いでもある。

小中学校は基礎学校、そこでの教育は基礎教育と呼ばれる。その後の高校・職業学校は中等教育で、大学レベルが高等教育である。高校では、本人の興味のあることの選択の幅が広がり、時間割は自分で作るので、それぞれが異なる時間割で勉強する。高校卒業までに、いかに学ぶかを学び自立した市民としての知識と教養の基盤を身につける。大学の授業は少なく、自分で学んでいくこと、修士を取ることが基本になる。

フィンランドの教育は、平等を原則とする。優良とされる学校や大学はあるが、その順位は、日本のように明確ではない。また、出身校によるエリートと非エリートの区別はない。どこの学校や大学を出たかよりも、何を学んだか、さらにどう生き、何をしていくかが重要になる。

フィンランドには学習義務はあるが、学校に行く義務はなく、自宅などで学ぶことができる。学校に行かないことを決めるのは親や保護者で、行政から許可を得る必要はない。ただし、小中学校教育の規定された学習量を満たすことは求められる。また教科書や教材、学用品は無料では得られず、親・保護者が自分で調達する必要があるが、使用しなければならない教科書はない。

学校に行く義務はないが、学校まで遠い場合は「通学費の権利」が保障されている。自宅から最も近い学校まで5キロ以上ある場合、或いは、年齢的に見て通学に困難やストレス、危険が伴う場合、子どもには無償の通学手段を得る権利がある。具体的には、無償のタクシーによる通学などである。

フィンランドには、さまざまな教育機関が安価で用意されていて、いくつになっても学んだり、学び直したりすることができる。学校に行くことや学習を止めてしまった過去があったとしても、再び学びたいと思えば、いつでもそれが可能となる教育機関がある。

本書では、実体験を踏まえ、フィンランド式の教育の現状をレポートしていくことになるが、その前に関連する事柄の基礎知識を以下、簡略に述べておこう。

ウェルビーイングという概念

フィンランドで、ウェルビーイングは権利と並ぶ教育の柱であるが、その意味は幅広い。健康。体に不調がなく心地よい。日々の生活の快適さ。生き生きとしている。気分が晴れやか。自尊心を持てる。自己肯定感がある。他人も尊重できる。人と心地よく繋がっている。性的充足。不安がない。脅かされていない。差別やいじめ、虐待がない。障がいがあっても、支援や保護を受けられる。諸権利が侵害されておらず、護られている。経済的、精神的に安全で安心して暮らしていける。貧困、紛争、戦争からの自由。

ウェルビーイングは、フィンランド語で「ヒュヴィンヴォインティ（hyvinvointi）」である。それは、「ヒュヴィン（良く）」という副詞と、「ヴォインティ（状態、コンディション）」という名詞の複合語で、「良くあること」「良い状態」のような意味である。病院で、医者や看護師が「具合はどうですか」「体調はどうですか」と聞く時と「具合は良いです」「あまり良くないです」のように答える時も、同じヴォインティという言葉を使うことができる。ウェルビーイングは、体感と直結した感覚である。

また、福祉という意味でも使われる。フィンランド語で、福祉社会は「ウェルビーイング社会」、福祉国家は「ウェルビーイング国家」である。つまり、日常の体感と社会、国家のあり方が連続している。ウェルビーイングは、教育の柱であるだけではなく、日常生活と社会、国家のあり方の柱でもある。

日本で福祉は、ウェルフェアとして理解されており、ウェルビーイングの側面が見落とされている。福祉は日本で、国家や地方自治体が国民に対して行う公的なサービスを指し、社会的弱者に対する援助という意味合いが強い。一人ひとりが日常生活の中で体感し、社会と国家のあり方に連続する心地よさではない。

大学生の年齢は高い。日本のように、高校卒業後すぐ大学進学、大学卒業後すぐ正規就職しなければ、人生の落伍者であるかのような意識や仕組みはない。フリーターのようなレッテルもない。高校卒業後、1年程度、充電の時期にしたり、長期の旅に出たりする人もいる。

また、一斉卒業、一斉就職という仕組みはない。それは、雇用者や国の経済にとって都合の良いシステムだろうが、個人のウェルビーイングを考えたものではないだろう。社会人という概念はないので、学生と社会人という二分化もなく、重複したり、その間をゆるやかに移動することができる。

自分がどう生きるかを決めるのは自分なので、我が子であっても、親は基本的に干渉しない。もちろん小さい時は、親は口を出すが、ある年齢になればその子の生き方として認め、尊重する。子どもがしたいと思う事をやめさせようとしたり、したくない事をさせようとしたりする事は少ない。まして、国家は個人の生き方に介入しない。

フィンランドでは、労働時間は短く、夏休みなどの休暇が長い。土日と休暇中は、仕事のメールを読まないのも普通である。その結果、諸サービスは日本に比べると悪い。しかし、それは、無理な長時間労働をしないことの裏返しでもある。

フィンランドは、北欧の中では裕福な国ではない。スウェーデンやデンマークのように植民地を持った歴史はなく、富の蓄積がない。ノルウェーのような原油発見もなかった。60年代は、多くの人が、スウェーデンやオーストラリアに移民した。一転して80年代は、輸出も好調で、「北欧の日本」と自称するような好景気だったが、90年代は、隣国ソ連の崩壊の影響で不況になり、それ以降、非正規労働が増えた。だが最近、経済はやや上向き傾向にあるようだ。その理由は、労働市場改革や製紙業への投資増加とされる。失業率は、80年代は3％程度だったが、90年代に約17％に急上昇。2000年代は6％代に回復したが、2017年は8・6％である。

また、本書ではフィンランドの兵役や、保護者組織についても紹介している。日本にはない兵役が、どのように受け止められ、どのように行われているのか、拒否する権利も含めてその歴史にも触れた。また日本のPTAとはまったく異なる、フィンランドの保護者組織「親達の組織」については、上部組織の「親達の同盟」にインタビューを行いまとめたので、詳しくは第七章をご覧頂きたい。

・本書では、フィンランドについては、国民ではなく市民（シティズン）という言葉を使っている。

・為替レートは、1ユーロ＝130円で換算している。

フィンランドの教育はなぜ世界一なのか　目次

第一章　フィンランドで親をやるのは楽だった

出産は手ぶら、ベビーカー連れは運賃無料

息子が生まれたのは、輝くように明るく光に満ちた北欧の夏の日だった。病院での出産で、入院前に、寝巻きやタオルなど必要なものは全て病院にあるので、何も持参しなくていい、身一つで来ればいいと言われていた。でも、父が長く入院していた日本の病院での慣習が頭にあって、手ぶらで行くことができず、身の回りの物を入れたボストンバッグを持って行った。

結局、入院中それを開けたことは一度もなかった。フィンランドの病院では、出産に限らず、病気による入院であっても、荷物を持参したり、持ち物に名前を書いたり、洗濯物を持ち帰り、洗って再び持って行ったりする必要はない。とても楽で、患者と家族のことを第一に考えたシステムだと思う。また、付け加えると、妊娠中と出産の金銭的

負担もとても少ない。

フィンランドでは、無痛分娩が普通である。ただし、まったくの無痛であるわけではなく、痛みはある。〝無痛〟とは痛みを和らげるということだろう。日本では、無痛分娩はまだ少数派で、その危険性が誇張されているように見える。我慢を美徳とする考え方があるのではないだろうか。また、日本では無痛分娩で妊婦が死亡する事故が多いという。２０１８年３月に、厚生労働省の研究班が無痛分娩の安全対策で初の提言をしたが、対策は任意にとどまり、義務付けはされていない。フィンランドでは無痛分娩での死亡事例は私の知る限りでは聞いたことがない。

出産は不安や苦痛を伴うものなので、精神的な支えとして夫やパートナーが立ち会うのは当然だった。立ち会うのは普通、一人だが、親しい友人や家族が立ち会うこともできる。分娩室での写真やビデオ撮影もＯＫである。

息子が生まれたのは７月で、私は大学で教えていたが、５月半ばから９月初めまでの夏休み中だった。夫は研究職で、約４週間の夏休みと、３〜４週間の父性休暇があった。そうした休みが終わった後も、勤務時間は比較的自由に調整でき、子育ての分担は楽だった。

フィンランドでは、父親も家事育児をするのは当然のことである。日本ではワンオペなどと言われているが、母親はどんなに大変なことだろう。夫はおしめ替え、お風呂、掃除洗濯など、率先してやっていた。

赤ちゃん時代と幼児期は、液体ミルクをよく使った。常温で保存できる小さなテトラパック入りのミルクで、粉ミルクのようにお湯に溶いてから冷ますのではなく、そのまま哺乳瓶にあけて、すぐ飲ませることができる。日常的にも、外出時や旅行にも、とても便利である。東日本大震災の時には、フィンランドから支援物資として送られ、日本でも知られるようになった。フィンランドでは、1973年から使われている。希望者が多いにもかかわらず、日本では普及していなかったが、2019年3月から販売が開始された。

フィンランドでは、バスにも電車にも出入り口近くにベビーカーを置くためのスペースがとられている。そしてベビーカーを押していると、運賃が無料である。現在、バスはバリアフリーになって階段はないが、90年代には乗り降りのための階段が2~3段あった。ベビーカーを上げ下げする時は、何も言わなくても、いつも近くにいる人がさっと手を貸してくれる。建物の出入り口では、近くにいる人がドアを開けたり、押さえていてくれたりする。90年代は、大型のベビーカーが使われていたが、どこへ行ってもベビーカーを嫌がる人はおらず、外出は楽だった。

しかし東京に帰ると、状況はまったく異なっていた。日本に行く時は、細長く折りたためるベビーカーを持っていった。バスや電車に乗る時は、子どもは抱き、ベビーカーは折りたたまなければならない。でないと、迷惑行為なのだ。駅の長い階段の昇り降りで手を貸してくれる人や、建物のドアを開けたり、押さえてくれる人もいなかった。こうした状況は、現在も変わっていないようだ。

日本での子育てが大変というのは、赤ちゃん時代と幼児期だけのことではなく、構造的な問題があるように思う。

家族保育やベビーシッターの助け

「夜まで預かるから、今度2人で映画でも見に行ってらっしゃい。なかなかそういう機会、ないでしょ。たまには、2人でゆっくりしないとね」

「わあ、ありがとうございます！」

家族保育のおばさんの親切な言葉だった。子どもが小さいと、子ども中心の生活になりがちで、夫婦が向き合う機会があまりなくなってしまう。時には2人だけで過ごして、というプレゼントだった。

母親が、手をかけて子どもを育てなければならないというプレッシャーを、フィンランドではそれほど感じなかった。夫と出かける時、ベビーシッターを頼んだこともある。妊娠中と就学前の子育て中、診察や健診、助言をするネウボラと呼ばれる制度があり、最近は日本にも導入されているようだ。そこでベビーシッターの連絡先を得られる。少し年配の女性や高校生の女の子などが来て、子どもと一緒に家にいてくれる。比較的安くて、夜数時間の外出でも、それほど負担感のない金額だった。

息子は、1歳半頃から「家族保育」に通い始めた。自宅で小学校就学前の子どもを4人まで世話をする制度である。日本では「保育ママ」と呼ばれているようだ。特に小さい時は、家族保育がいいという人は多い。4人までと小規模なので、子どもに十分目が届く。大きなグループには馴染みにくい子にも、安心感がある。保育園では、風邪や感染病がはやり移される危険性があるが、家族保育では、その心配が少ないなどの理由である。

　お世話になったのは、30年近く家族保育をしているという女性で、温かくて信頼できる人だった。４人子どもを預かっていて、そのうち1人は自分の孫だった。自分の子ども（達）も含めて家族保育をする人もいる。3歳未満の自分の子どもを自宅で育てると、社会保険庁から毎月、家庭ケア手当が出る。3歳以上になると、自分の子どもについては手当を得られなくなるが、外で働かず家で子育てするなら、ついでに他の子も一緒に育てて収入を得ようと考える人もいる。

　保育時間は交渉でき、家では朝9時から夕方4時まで預けていた。仕事の都合で、宿泊させてもらったこともある。朝食、昼食、おやつを食べさせてくれるので、ありがたい。我が家では朝は食べてから出かけたが、早朝、仕事に向かうので、子どもに朝ご飯を食べさせる時間のない親もいる。

　おしめや哺乳瓶は、おばさんの家にあるので持って行ったり、持って帰ったりする必要はない。一日一度は、子ども達を近くの公園など、家の外に連れて行ってくれる。家族保育のおばさんは、大きなベビーカーを持っていて、まだ歩けない子どもはベビーカーに乗せ、歩ける子はベビーカーにつかまって散歩に行く。

家族保育での事故は、特に聞いたことはない。

朝食、昼食、おやつが出るフィンランドの保育園

息子は家族保育の後、3歳頃から保育園に通い始めた。理由は、近くの保育園に空きが出来、少し大きな保育園に行っても大丈夫そうに成長したからである。日本では一般的に、親が働いている子どもは保育園、親が家にいる子どもは幼稚園に行くが、フィンランドには、保育園と幼稚園の区別はない。本書では、保育園という言葉を使う。

家族保育のおばさんは、とてもいい人だったが、バスで行かなければならず時間がかかった。フィンランドに大量の保育園待機児童はいないが、近くの保育園にすぐ入れず、空きを待つことはある。家族保育同様、保育園は有料で、料金は収入や家族構成によって異なる。

保育園でも朝食、昼食、おやつが出るので、お弁当を作る必要はなく、忙しければ、朝ご飯も家で食べる必要がない。朝食はオートミール、昼食はマカロニとミートソース、サラダのような食事で、シンプルだが温かく、日替りである。お弁当を作らなくていいのは、とても楽で、忙しい親の都合を中心に考えたシステムである。

保育園の入口には、細長く仕切られた洋服と持ち物のための収納が設置されている。子どもの手でも届く位の高さ、幅30センチほどの細長いスペースで、ジャケットやリュック、帽子、手袋、ソックス、靴などをかけたり置いたりする。着替えを置いておくこともできる。書きたければ書いてもいいが、持ち物に名前を書く必要はない。

フィンランドの保育園にいたのは2年弱だったが、行事が少ないのも楽だった。日本の保育園では、運動会やその他のイベント、父母会などがあって、親同士知り合う機会が多い。フィンランドの保育園で、運動会などのイベントはない。保護者組織を作ることはできるが、実際に作っている保育園は少ないようだ。子どもを送り迎えする時、顔をあわせて言葉を交わすことはあるが、親同士の積極的な付き合いは、少ないと思う。お誕生会に呼ばれたことは、何回かあった。そういう時、親は子どもをお友達の家まで届けるが、中には入らない。子どもだけのパーティで、迎えに行く時間を聞いておき、時間が来たら子どもを迎えに行く。もちろん会話は交わすが、ママ友を無理に作ろうとしないし、親のつきあいに関するストレスはとても少なかった。

息子が通っていた保育園では、子どもは基本的には年齢別にグループ分けされていたが、それは緩やかに重複する分け方だった。赤、黄色、緑、水色、紫など色の名前で分けられたグループがあり、息子は「紫の子」だった。それぞれのグループは、ある年齢を中心とし、その上下の年齢の子どもも含めて編成されていた。たとえば、4歳児を中心とするグループには、3歳と5歳の子も含めるというように。異なる年齢の子どもたちがいるグループの方が、子どもの発達上、好ましいという先生の話は印象に残った。友人の子どもが日本の幼稚園に通っていて、「年少さん」「年中さん」「年長さん」と年齢によって分けられていることを聞いていたからである。

東京の保育園は親が忙しい

杉並区立の保育園には、待機しないで入園できて、1年通った。また、夏帰国した時に、1～2ヶ月入園したことが何度かあり、ありがたかった。保育園については、楽しかった思い出が多い。しかし、2つの国の保育園を比較すると、日本では親のやる事が多いと思う。たとえば、毎日のお弁当作りである。日本のお弁当文化はレベルが高く、見た目もかわいく工夫して作っているお母さんがたくさんいた。子ども2人が保育園に通うお母さんがいて、朝は誰よりも早く起きて、お弁当を作るという。

また、昼寝用の布団カバーと掛け布団カバーを縫う必要があった。そして、毎週金曜日の夕方は、押し入れの中の掛け布団と敷布団からカバーを外し、家に持ち帰って洗濯、月曜日に持って行ってカバーをかける。持ち物すべてに名前を書く必要もあった。フィンランドの保育園で、親はそうしたことをしない。親が楽をしてもいいのだ。

保育園は生涯学習の一環

フィンランドでは繰り返し議論されてきた問題がある。

1　親が外で働いている、いないにかかわらず、子どもには保育園に行く権利があるか
2　保育園で行うのは、保育と遊びか、又は学習と教育か
3　保育園のスタッフにはどういう教育が求められるか

である。1990年代までのフィンランドでは、保育園は、仕事を持って働く親の子どもが行く所と考えられていた。しかし、最近は、幼児教育の重要性が認識され、親が働いている、いないにかかわらず、生涯学習の一環とする考え方に変化している。幼児教育は、早い時期から教育の平等を準備し、孤立や差別を防ぎ、社会的スキルの発展を

助ける。学習意欲を高め、後の人生にとってもプラスになる学びであり、生涯学習の始まりでもあると考えられるようになってきている。

1973年の保育園法は、保育園をソーシャルケアの一部としており、保育園は、親が家庭の外で働く子どもが行く所と考えられていた。1996年に「主観的な保育の権利」により、子どもが保育園にいる時間の長さを親が決める権利が認められた。しかし、親が家にいるのに、子どもが保育園に通うことについては、反対意見も多かった。働いていない親の子どもを税金で保育することに対する反対である。2016年には、両親のいずれかが在宅している家庭については、主観的保育権を週に20時間に制限するよう法律が改正された。

しかし、保育園を生涯学習の始まりとする考えが有力になり、従来のソーシャルケアから、地方自治体による教育へと位置付けが変わった。2013年に、保育園は社会保健省から教育文化省の管轄へと移行した。また2015年に、保育園法が幼児教育法に変わり、ペダゴジー(教育方法)が強調されるようになっている。

保育料の無償化、保育士の給与

フィンランドの基本教育法第4条は、各地方自治体が就学1年前に、就学前教育の場を設ける義務があることを規定している。現在、保育園は有料だが、段階的に無償化していく予定である。保育料は、家族構成等によって異なるが、2018年1月現在、ヘルシンキの市立保育園では高収入であっても290ユーロ（3万7700円）が上限である。

教育文化省は2018年8月から19年7月まで、5歳児の幼児教育を無償化する試みを行っている。週20時間、いくつかの地方自治体を選んでの試みだ。外国語の話者、義務教育のみを受けた住民、失業者の割合なども考慮に入れて、地方自治体を選択するという。教育レベルの低い家庭、収入の少ない家庭の子どもの利益を確保することで、家庭環境による差を縮め、差別を防ぎ、教育の平等を進めて、成長と学習を支えることを目標に挙げている。

また、将来的に、幼児教育を専門とする先生の育成が目指されており、幼児教育法改正は、保育園の先生についての改正も含んでいる。これに関しては、職業的資格と教員の構成に関する2つが論点になっている。

現在、幼児教育に携わる人で高等教育を受けた人は、全体の3分の1だが、改正案は

3分の2に増やすことを求めている。大学で学んだ教育学学士、応用科学大学で学んだ養育社会学学士、職業学校で学んだ保育士という構成である。これら異なる資格を持つ人達が、保育園で同時に勤務することで、教える、養育する、保育するの3つの役割を果たすという構想である。

1グループの子どもの人数も変化している。2015年に、3歳以上のグループで、大人1人に対し子ども7人が認められていた。1つのグループは、最大で大人3人、子ども21人である。それが2016年には、大人1人に対して8人までの子どもの保育が認められるようになった。1つのグループでは、大人3人、子ども24人が最大である。しかし、実際には、大人1人が10人の子どもをケアすることもあるという。こうした傾向については、強い批判がある。

フィンランドで、保育園や幼児の養育、ケア、両親の育児休暇は、ニュースでよく取り上げられる。国の方針や保育園のサービスについて、不満を持つ親・保護者も多く、身の回りの政治の始まりになっている。自分や周りの人が直面する問題の解決を目指して、居住する自治体での政治活動に入って行くケースも多く、地方選挙では、保育園の先生やケアワーカー、看護師などの立候補もよく見かける。保育園の先生のデモやストライキも珍しくない。

２０１８年３月には、ヘルシンキで保育園の先生たちのデモが、４月はストライキが複数回あった。保育園の先生は不足していて、仕事量と勤務時間は増えているのに給料が上がらない。自治体によって差はあるが、２０１８年３月時点で、平均的な月給は税込みで２３００ユーロ（29万９９００円）だという。小中学校の先生の平均月給は、３４７１ユーロ（約45万円）である。

５月には、全国各地で数千人の保育士が給料を上げる要請書を上司に提出。保育園に通う子どもを持つ母親達が、市役所に署名を提出して、地方自治体住民イニシアチブ（地方自治体の活動に関する事柄について、住民や地方自治体で活動する組織が、発案、議案を提出する権利）を始めたケースも報じられた。住民人口の少なくとも２％の署名がある場合、地方自治体はそれを議会で取り上げなければならない。

東京でも２０１７年11月、保育士の待遇改善を求めるデモがあった。都内私立認可園を３年前に辞めた女性保育士のケースでは、朝６時半から夜８時まで働き、事務作業を持ち帰った。月給は手取りで約16万円である。厚生労働省の２０１７年の調査では、保育士の平均賃金は月22万９９００円で、全産業平均とは10万３９００円の開きがあるという。

為替レートや税率の問題があるので、給料の比較は単純にはできないが、保育園の先生の給料が安いということに関しては、似たような状況があるようだ。しかし、朝6時半から夜8時まで働き、事務作業を持ち帰るというようなことは、フィンランドではありえない。

女性の社会進出は70年代頃から

フィンランドは、男女平等で女性の地位が高く、女性が働きやすい環境が整い社会進出しているというイメージがある。それは事実だが、実は1970年代頃以降に起きたことで、比較的最近のことである。

19世紀後期から女性達による社会運動が起こり、市民組織が作られていくが、中流・上流階級と労働者階級に分かれて、思想的に対立していた。1910年代から1944年までの時期は、国家社会主義やナショナリズム、愛国主義が席巻した時代で、女性の権利主張は抑えられていた。戦時中、女性に求められていたのは、母性や出産である。

フィンランドのさまざまな母性保護政策は、1930年代後半から1940年代に出現している。1938年の母性手当、1943年の家族手当、1948年の母親に支払われる児童手当などである。また、1944年からは、従来、下層階級や労働者階級の妊婦のみを対象としていた妊娠期間中の定期健診が、社会的階層に関わりなくすべての母親に無料で行われるようになった。妊娠中の母体検診や就学前までの育児相談を行うネウボラの制度は、1920年代初めにドイツの制度をモデルに導入されたものである。こうした制度の多くは、現在の福祉国家の制度につながっている。

戦後も母性思想が強調され、1960年代でも中流・上流家庭では妻が家庭の外に働きに出ることについてはさまざまな抵抗があったが、社会的には母性と仕事の両立がはかられるようになり、1963年に母親の有給の産休が導入された。有給の産休は、母性保護政策の中枢となったものであるが、実はそれは19世紀末から労働者階級の女権運動が目指していたものだった。つまり、有給の産休や保育設備など、現在の北欧型福祉国家の制度をもたらしたものは、中流・上流階級の運動ではなく、中流・上流階級の女性が教化の対象と見なしていた労働者階級の社会主義思想に負うところが大きい。

1970年代までは、専業主婦が規範だった。戦後復興期に建てられた「モデル家族のためのモデルハウス」では、家庭が専業主婦の仕事場になり、工業社会で働く夫の安息の場となった。日本で専業主婦が一般化したのは、高度経済成長期だったという状況と似ているとも言える。

男女平等を掲げる北欧型福祉国家への転換が起きるのは、1980年代以降である。母が家庭外に働きに出やすくするために、保育園設置や男性も含む育児休暇などの社会的整備がなされた。その後、急速に社会変化が進んだ、というよりも、社会を変化させようとする努力が真剣になされたのである。

入学式はない

「うえ～ん、お耳が痛い～、お耳が痛い～」

「えっ、また中耳炎⁉」

東京の区立小学校入学式の前夜、息子が急に耳を押さえて泣き始めた。熱もある。小さい時から、何度もかかっていたので、急性中耳炎だとすぐ分かった。翌朝、医者に行ったが、入学式には行けなかった。

保育園のお友達に会えると楽しみにしていたのに、入学式に行けなくなって、息子はがっかりしていたが、私は少し複雑な気持ちだった。子どもの成長は、もちろん嬉しい。

でも、春、桜、ランドセルを背負った1年生、親子の改まった服装、感動する親という日本の入学式のあり方が好きではない。子どもも親もハレの日の服装で出席する。なぜ、普段着で気楽に行く事ができないのだろう。学校に入ることは、何か改まったこと、ありがたいことと思われているからだ。私は、フィンランドに移り住んで28年、アメリカにも5年住んだことがあるが、どちらの国にも入学式はない。初めて学校に行く日、親も子も普段着である。入学に関わる儀式もない。

日本の「小学校学習指導要領」は、学校行事について規定していて、「厳粛で清新な気分を味わい、新しい生活の展開への動機付けとなるようにする」としている。今でも着物で出席するお母さんがいるのは、そうした事情が影響しているのだろう。

日本では、公立小学校でも出費が多い。ランドセルや様々な学用品、上履き、体操服、水着、紅白帽子、絵具、習字道具、ハーモニカ、鍵盤ハーモニカなどを購入した。その他、給食費、学級費、PTA会費、教材費、実習材料費、遠足費などの諸費用があった。

親に対する細かい要求も多い。鉛筆1本に至るまで、すべての持ち物に名前を書く。30センチの物差しを入れる袋を作って欲しいとも言われた。

テストもない

息子は、小学校3年生の秋、ヘルシンキの市立小学校に転校した。フィンランド生まれで、以前、同じ場所で保育園にも通っており、まったく初めての環境ではなかったが、5歳から3年間は日本暮らしだったため、中途入学で友達はいなかった。初めて学校に行く日は少し緊張していて、私は教室の前まで同伴した。廊下には、子ども達が元気に行き来していて、その渦の中で息子は少しためらっていたが、ある瞬間、キリッとした表情になって、しっかりした足取りで教室に入って行った。

学校は、秋学期と春学期の2学期制で、秋学期が新学期。8月半ば頃に始まり、12月に終わる。フィンランドで、8月中旬は秋の始まりである（春学期は1月から6月初めまで）。だが、全国統一の開始日と終了日ではなく、隣接する市でも数日程度異なることはよくある。1年生から9年生までの小中一貫教育ではあるが、小学校は「下の学校」、中学は「上の学校」と呼ばれている。小中学校は、ほとんどが地方自治体の学校で、国立と私立学校で学ぶ生徒数は全体の約2％である。

日本の小学生は、重いランドセルの他に、上履き袋、給食係の時のエプロンと帽子を入れた給食袋など色々な袋をぶら下げて歩いている。フィンランドでは、学校には普通のリュックひとつで行けばいい。教科書類は学校に置いておくので、リュックは軽い。中身は、筆箱とノート1〜2冊程度である。

靴は教室の外側で脱いで、校内ではソックス、または裸足で歩いており、上履きはいらない。体育がある日は、ジャージーやトレパンなど持っている物を持参する。学校指定の体操着はない。

給食はビュッフェスタイルで、サラダ、メインの料理、パン、牛乳などの飲み物という構成である。東京の学校の様な凝った献立ではなかった。給食係はないので、給食着や給食袋は必要ない。また、掃除や日直などはない。

フィンランドの学校の授業時間数は、日本の半分と言われる。クラスの人数も東京では35人だったが、フィンランドでは、20人に満たなかった。最近は、少し増えているようで、20人から25人位である。同じ授業の中でも、違うことをしている子どもがいたり、グループがあったりする。学校によって違うのかもしれないが、息子の学校でクラス替えはなかった。

小学校で、さまざまな外国語を学べる。3年から英語が、5年からスウェーデン語が必修だった。英語は、アメリカ英語ではなくイギリス英語である。フィンランド語とスウェーデン語が公用語で、スウェーデン語を母語とする人が約5％いる。フィンランド語を使う学校とスウェーデン語を使う学校に分かれていて、息子が通ったのは前者である。国語という言葉はなく、フィンランド語、スウェーデン語と呼ばれる。総称は、母語である。

6年生になるとフランス語、ドイツ語、スペイン語が選択できた。息子はフランス語を選んだので、小学生の時に英語、スウェーデン語、フランス語を学んだことになる。

ヘルシンキの小学校では2018年から外国語を1年生から教えている。英語、スペイン語、フランス語、スウェーデン語、ドイツ語、ロシア語、エストニア語、中国語である。この中には、4年生になってから選択する外国語も含まれる。

現在、小中学校の教科は、次の6つのカテゴリーに分けられ、その中に授業科目が位置づけられている（授業科目はカッコに入れて示した）。

1　言葉とインターアクション（母語と文学、外国語）
2　算数（算数）
3　環境、自然の知識、テクノロジー（生物と地理、物理と化学）

4　個人、会社、社会（宗教／人生観の知識、倫理、歴史、ソーシャル・スタディーズ）
5　芸術と手仕事（音楽、絵画、手仕事、ドラマ）
6　健康と活動能力（運動、保健）

全部のカテゴリーに、「選択科目」が入れられていて、自治体または、学校が状況に応じて提供するクラスなどが含まれる。ソーシャル・スタディーズは政治のリテラシー、法律、起業、経済・消費活動、ＩＣＴ（Information and Communication Technology、情報通信技術）やメディアのリテラシー、文化などについて学び、アクティブな市民としての成長を目的とする科目である。

フィンランドの学校には、学科として宗教がある。戦後の日本の国公立学校で、宗教の教育は禁じられているので、最初は驚いたが、歴史的経緯の差から来るものである。フィンランドには宗教の自由はあるが、福音ルター派キリスト教とロシア正教が国教に相当する位置づけをされている。学校では、カトリックのキリスト教、ユダヤ教、イスラム教なども教えられている。

宗教のクラスを選択しない場合は、「人生観の知識」というクラスを取る。息子はこのクラスを高校まで取っていた。「人生観の知識」は、宗教が扱う課題を宗教的にではなく考えるのだが、より広く、ソーシャル・スタディーズや政治学、倫理などと関連するもので、興味深い。第二章で、より詳しく見てみたい。

フィンランドは、手仕事が盛んである。4年生までは、裁縫などを含む幅広いテキスタイルと木工が、男女共必修だった。息子は4年生の時、ソックスを編んだ。編み物好きの女性が多く、ソックスを1日程度できれいに編む人はたくさんいる。しかし、編み物は女性のものと固定しない教育がされている。2018年の平昌《ピョンチャン》オリンピックでは、スノーボードの男性コーチが編み物をしていて話題になった。

フィンランドはノキアの国であり、小学校では、ほぼ全員が携帯を持っていた。また、息子が通っていた学校で、先生はホワイトボードの他に、パワーポイントや書画カメラなども使っていた。息子は、パワーポイントとワードは、中1の時教わり、発表にも使った。エクセルは、高校で教わった。2010年代初め頃から、ヘルシンキの小学校では、子ども一人ひとりにタブレットを渡しているようだ。また、小学校でプログラミングも教えている。

宿題は、必ずしも毎日ではないが、少しあった。春学期は6月初めには終わり、8月中旬までの長い夏休みが始まる。夏休みの宿題はない。休みは、休むためのものだから。過剰な勉強を子どもに課す学校文化はない。その他、1週間の秋休み、約2週間のクリスマス休み、2月に、1週間の「スキー休み」がある。土曜日は休みである。

夏休み、クリスマス休みとスキー休みは、親も休みをとることが多い。4週間位の夏休みは普通である。

放課後、学童保育が必要な場合は、学校、または学校の近くのプレイパークと呼ばれる小さな公園で過ごす。プレイパークには、小さな建物があって、中で過ごすこともできる。おやつが必要なければ無料、おやつを食べる場合は有料になる。ヘルシンキでは、2018年現在、おやつが必要な場合は、4時までは月100ユーロ（1万3000円）、5時までは120ユーロ（1万5600円）で、保育園の料金に比べると、割高である。それ以降はないので、知人に頼むなど、個人的にアレンジすることになる。朝8時から夕方4時までという勤務時間も多い。長時間労働はなく、残業も少ない。勤務場所は、家からそう遠くないことが多い。そうした事情から、学童保育の需要は、それほど高くないようだ。また、誘拐や傷害、殺害など子どもに対する犯罪が非常に少なく、安心感が高い。日本にいた3年間、息子は学童保育に通っていたが、フィンランドでは、夫と2人で時間をやりくりして対処していた。

フィンランドにテストはない。一人ひとりの子どもの関心や目指すものは、異なる。子どもが自分らしく発達していくことが大事なのであって、それはテストで測ることはできない。他の子どもと比較したり、順位を競ったりすることには意味はないという考え方による。

また、授業参観はない。最近は、学校が毎年「オープンドア」という日を設けていることが多い。親や保護者が学校に行き、学校の様子を見たり、先生と話したり、給食を食べたりしているようだ。

服や髪についての校則はない

フィンランドの校則は、「授業中、人の邪魔をしない」「携帯はオフにする」「休み時間は校外に出ない」「いじめない」「学校の備品を壊さない」など、基本的なことを述べるもので短い。クラスで、子どもと先生が一緒にルールを作ることも多い。

学校には、服装や髪に関する校則はない。あるのは、皆で同意したルールである。洋服やアクセサリーについて、学校にふさわしくない物はダメという合意である。お化粧したり、髪を染めたりしている子どもはいるが、自分の身体については本人が決定権を持つので、干渉しないという考え方である。ただし、タトゥーは18歳以下では禁止されている。

息子は、4年生の頃、友達がしているからネックレスが欲しいと急に言いだし、一緒に買いに行ったことがある。また、高校の頃は、腰パンが流行っていて、マイナス10℃以下の真冬でも腰パンで歩いていた。病気になるからやめるよう言っても、きかなかったが、2年位で自然消滅していた。

私が中学生の時は、髪は肩にかかったら三つ編み、制服のスカートの丈は床上何センチなど、細かく決められていた。90年代にややゆるんだとされるが、近年、生まれつき茶色い髪の生徒に、黒く染めるよう強制した学校が訴訟を起こされている（毎日新聞2017年10月27日付）。

フィンランドの教育庁が、2013年に発行した「人生観の知識」の教科書には、「クラスのルール」というタイトルで、服装に関する話が載っている。その教科書は、1年生から5年生まで使えるが、4年生に適していると冒頭にある。その話は、皆で相談して、前の年に作ったクラスのルールをアップデートする話である。結果的には、あまり変わらなかったのだが、「他の人のことを考える。仲間はずれにしない。他の子とフレンドリーに話す。借りたものは返す」など、9つのルールを作った。その中に「すべてのスタイルを認める。他人の服装やヘアスタイルに口出ししない」がある。つまり、フィンランドでは小学生もしないと皆で決めることを、日本では学校が口出ししていることになる。

日本の学校は、校則が多い一方、無法状態、治外法権という指摘がある。法が適用されず、法の支配が及ばないということだ。フィンランドには日本のような校則はないが、学校は当然、法の支配する場である。

禁止された体罰

フィンランドの学校では、床に座って本を読んだり、ソファに寝そべって勉強していたりして、自由に見えるが、最初からそうだったわけではない。

1950年代頃まで、日本同様、学校は規律を重んじ、権威主義的だった。60年代、70年代の社会変化につれて、学校も変わり始めたのである。

１９８４年に子どもへの体罰が法律で禁止されたが、それまで、学校でも家庭でも体罰は行われていて、先生が、棒で子どもの手を叩いたりしていた。しかし、その後、大きな変化が起き、現在も進行中である。国連の子ども権利条約の影響も大きい。日本は、１９９４年に国連の子ども権利条約の批准はしたが、教育現場には取り入れられていない。フィンランドは、90年代初めに不況に陥ったことで危機感を強め、将来のために教育改革を進めたと言われる。

運動会やクラブ活動はない

フィンランドでは、前にも触れた通り、学校行事がとても少ない。入学式、運動会、修学旅行、始業式、終業式、謝恩会などはない。初めて学校に行く日は、普通に学校に行き、先生について教室に入って行くだけである。学校は、学習の場を提供するが、基本的には行事はしない。日本の学校のように、学校行事を使って集団行動や連帯感、道徳を教えようと考えない。小学校４年間の在学中、記憶にあるのはクラスの遠足１～２度である。運動会のようなものは、スポーツデーとして、大きな競技場でたまに行われる程度だが、普通、親は行かない。

学校にクラブ活動はない。趣味の活動は、学校の外で行う。スキー、スケートなどは、男女児ともに人気がある。男の子は、サッカーやアイスホッケーも好きだ。市のスポーツチームに入る子どももいる。

学校行事ではないが、福音ルター派キリスト教の子どもには、15歳の時、堅信礼の合宿がある。堅信礼はキリスト教の儀式で、教区が合宿を主催して、夏休み中の約1週間、子ども達が一緒に過ごす。子どもが堅信礼から帰ると、親は親戚を呼んでパーティをする。高校の卒業式の後、親戚や友人を呼んでパーティをすることと似ている。子どもの成長の区切りとしてのお祝いである。

宗教的ではない合宿としてプロメテウス合宿がある。息子は、それに参加した。6月下旬、夏至祭の頃である。合宿で一緒になるのは、ほとんどが初めて会う子どもたちで、ディスカッションやゲーム、スポーツ、キャンプファイヤーなどをして過ごす。親が訪れる日があり、夫と行った。フィンランドで最も澄んでいると言われる湖のほとりにある建物で、近くの泉から湧く水は、そのまま飲むことができる。一緒に食堂で食事をして、帰宅した。

小中一貫の考えなので、小学校の卒業式はなかったが、中学の卒業式は市のホールであった。親や保護者も参加し、大きな式である。卒業生がピアノを弾いたりして、賑やかで楽しい雰囲気である。厳粛な雰囲気はない。

教科書検定制度もない

日本では、文部科学省が、学習指導要領を全国の教育委員会教育長や都道府県知事、国立大学法人学長、地方公共団体長などに公布する。それを各々がそれぞれの下部機構に下達し、学校がそれに従う。フィンランドでは、教育文化省の下にある教育庁が「教育計画の根拠」を出す。教育計画ではなく、何を教育計画の根拠にするかを示すもので、それに基づいて、各地方自治体、または学校がそれぞれの教育計画を作成する。

ヘルシンキの小学校で、２０１６年から施行が始まった『ヘルシンキ市基礎学校教育計画２０１６』は、そうして作られたものである。その前段階として、２０１０年に専門委員会が『基礎教育２０２０　国全般の目標とカリキュラム』を教育文化省に提出した。基礎学校は、小中学校を指す。８章からなるその報告書のうち、１章が「ヒアリングから得られる視点」である。13歳以上の子どもを対象に、どんな学校がいいと思うかネット調査を行ない、全国から約６万人の子どもの回答を得て紹介、分析している。

日本では、登校・下校という言葉が示すように、学校は上にあるものと考えられていて、教育は中央集権であり、子どもの視点は取り入れられていない。

また、フィンランドに教科書検定制度はない。以前は、教育庁が教科書の内容をチェックしていたが、1990年代初めに廃止された。内容は、教育庁が出す「教育計画の根拠」に準拠することは求められており、後に見る「人生観の知識」の教科書のように教育庁が出す教科書も少数あるが、民間の出版社が出す教科書がそのまま使われている。

第二章　フィンランド式「人生観」の授業と道徳

日本の「道徳」

「ママ、こんなの、もらったよ」

息子がランドセルから取り出したのは、『こころのノート』だった。東京の区立小学校2年生の時である。

「へえ、見せて……ふうん。これで、どんなことしたの?」

「うーんとね……お名前、書いたの」

『こころのノート』は、2002年に文科省が全国の小中学生に配布した道徳用教材である（小3以上向けの題名は『心のノート』）。当時、さまざまな批判がされていた。冒頭は「このノートは、あなたの　こころを　おおきく　うつくしく　していく　ためのものです」で始まっていた。

どういうことを教えているのか、その後も時々、息子に聞いてみたが、低学年ということもあるのか、あまりはっきりしたことは教えていない印象だった。『こころのノート』には、子どもが書き込む所が多い。今も持っているのだが、息子が書き込んだのは「すきなたべもの」「すきなあそび」など10に満たない。

日本で特定の道徳を刷り込もうとする志向は、2000年代初頭から始まっていたが、2018年度になって道徳は教科化された。文科省「小学校学習指導要領解説　特別の教科　道徳編」（2017年）がポイントとして挙げているのは、次のようなことである。

「正直、誠実」「節度、節制」「感謝」「礼儀」「規則の尊重」「勤労、公共の精神」「家族愛、家庭生活の充実」「よりよい学校生活・集団生活の充実」「伝統と文化の尊重、国や郷土を愛する態度」

より具体的には、「わがままをしないで、規則正しい生活」「過ちは素直に改め、正直に明るい心で生活する」「勉強や仕事は、しっかりと」「節度を守り節制に心掛ける」「粘り強くやり抜く」「くじけずに努力して物事をやり抜く」「気持ちのよい挨拶」「謙虚な心」「高齢者に、尊敬と感謝の気持ち」「感動する心」「社会のきまりの意義を理解し、それらを守る」「進んで義務を果たす」「集団に進んで参加」「みんなのために働く」「社会に奉仕する喜び」「働くことや社会に奉仕することの充実感を味わう」「父母、祖父母を敬愛」「進んで家の手伝いなどをして、家族の役に立つ」「楽しい家庭をつくる」「先生を敬愛」「楽しい学級や学校をつくる」「集団生活の充実に努める」「郷土の伝統と文化を大切にし、郷土を愛する心をもつ」「我が国の伝統と文化に親しみ、国を愛する」などである。

果たして右記のようなことが「道徳」なのだろうか。道徳というのは、倫理や哲学、政治にもつながる事柄であり、本当はもっと志の高いものなのではないか。また、「進んで義務を果たす」はあるが、権利に関するものは無い。

「高等学校学習指導要領」も、2018年度から新しくなった。そこで教える道徳の内容も、郷土愛、愛国など小中学校とほぼ同じである。新しい学習指導要領では「現代社会」が廃止され、「基本的人権の保障」と「国民主権」は、削除されている。

また、「高等学校学習指導要領」で気になるのは、「履修させる」「考察させる」「理解させる」「理解を深めさせる」「自覚を深めさせる」という使役動詞の多さである。教育は権利であり、自主的に学習するものというよりも、国が下々の者に与えるものなのだろうか。

「人生観の知識」という科目

フィンランドの小中学校と高校で、道徳に関わる事を学ぶ科目に、「人生観の知識」がある。宗教を取らない子どものため、哲学、倫理、ソーシャル・スタディーズ、政治、文化などを横断する学際的な科目で、その中に道徳も含まれる。息子は、この科目を高校3年まで取っていた。少数派のクラスで、大体、異なる学年の子ども達が混在していた。1985年から始められた科目で、週に1、2時間程度の授業だった。

教育庁は、その役割を次のように説明している。

「自立し寛容で、責任と良識ある人へと成長すること。グローバル化し、急速に変化する世界での民主主義的なシチズンシップを目的とする」

手元に4冊、「人生観の知識」の小学校の教科書がある（教育庁発行）。教材としても使える構成で、ミーナとヴィッレという2人の子どもを主人公にしたシリーズである。1～5年生向きの2冊（2006年、2013年）と4～5年生向きの2冊（2008

年、2010年）で、それぞれの章立ては次のようである。

1「人生観の知識で学ぶ」「友情」「異質な事と寛容」「一緒に生きること」「私と自然」
2「良い人生」「人生観」「倫理的な問題」「人間と自然」
3「正義と公平」「いろいろなライフスタイル」「子どもの権利」「自然の将来」
4「人生観の知識での学習」「思想の自由」「文化」「平等と平和」「持続可能な開発」

これらの課題について、読み物や皆で話し合う課題、質問などがつけられている。1の「人生観の知識で学ぶ」は、それぞれの人が持つ世界に関する概念だと短く述べる。そして、この科目は次の3つの事に関わるとする。それは、「世界はどのようなものか」「私たちは、何を知ることができるか」「幸福になるためには、どう生きたらいいか」である。これらの問いは、小中高を通じて「人生観の知識」に通底するものである。それはまた、ヨーロッパ的、或いはキリスト教的世界観が発する、中心的な問いのいくつかでもあるようだ。以下、これらの教科書をみていきたい。

価値と規範の意味

「良い人生」の章は、「幸せである事と幸福」「人生を導くものは何か」「価値と規範の意味」「人生で実現する価値」「責任と自由」「私はどんな人になりたいか」の項から成る。「価値と規範の意味」では、「それ自体の価値」と「手段としての価値」を分ける。前者は、「それ自体に価値のあるもの。たとえば、愛、幸福、人生は、それ自体に価値があると見ることができる」。後者は、「価値があるとされる何か他のものを得るために、有用とされるもの。たとえば、高価なブランド・ジーンズは、友達の人気を得るために使われることがある」。

続いて、規範を説明する。

「規則、ロールモデル、していい事といけない事のルール。行動の決まり、ふるまいの型、命令、禁止、許可、義務、法律のこともある。異なる集団には異なる規範がある。価値と規範は、同じ事の裏返しである。価値のあるものは、しばしば規範によって保護される。たとえば、法律は他人に損傷を与えることを禁じる。しかし、すべての規範が価値に関連するわけではない。たとえば、食事や服装についての慣習や規則である。フィンランドでは、女性だけがスカートをはくのが規則である。しかし、それは、すべての文化で守られる慣習ではない」

日本では、特定の規範は絶対的なものとされており、それを相対化する視点はないのと対照的だ。

道徳（moral）と倫理（ethics）

「倫理的な問題」の章の、「道徳」の項は、道徳と倫理の違いを次のように説明する。

「道徳は、善と悪、正しいことと間違っていることを区別する人間の能力のことである。道徳と倫理は、しばしば混同される。（略）倫理は、道徳的な問題を考察することだが、人の行動に干渉したり、こうすべきだというような行動に関する指示をしたりしない」

つまり、道徳は善と悪、正と不正を分け、具体的に人はどう行動すべきかに干渉する。倫理は、行動についての規範ではなく、道徳をより哲学的に考える分野である。

続けて「何が正しく、何が間違っているかについての個人的な意見に加え、私たちが住む文化的な環境が道徳に影響を及ぼす。その一方、善、および良い人生の基本になる事についての普遍的な原則が存在する。（略）たとえば、子どもの権利と人権は、こうした普遍的な原則である。それは、まだ全ての場所で実現されてはいないが、実現に向かうことを私たちは知っている」

道徳には、個人的意見、文化的環境、それを超えた普遍的な原則があるとしている。それは、個人的、集合的、普遍的という3つのレベルがあるということだろう。子どもの権利と人権は、普遍的原則に属す。

道徳にこうした3つのレベルが想定されていること、子どもの権利と人権が道徳に関わる、普遍的な原則とされている事は、興味深い。

「道徳的養育」の項では、「道徳的に育てられた良い人」の特徴として次を挙げる。

・他人を尊重する。他人はどう感じるかを理解できる。
・充分な人間関係のスキルがある。
・自分自身の原則を作ることができる。自分自身の原則に沿って行動できる。
・原則を正しい結論に導くことができる。
・決定ができるよう、物事は充分に知る必要があることを理解している。
・正しいことをするために、何をできるかを自分に問う。

後で見るが、「知る」ということも重要な行為で、道徳的かつ哲学的課題である。また、決定権は重要な権利であり、人には正しい決定を行なう義務がある。そのためには、「知る」こと、さらに「充分に知る」ことは、根源的な重要事項である。

道徳は発達する

続く「道徳は発達する」という項は、道徳感の発達を次のようにまとめている。

「幼児は、単純に大人の言うことをききたいから、また叱られたくないから、正しい行いを学ぶ。

少し大きくなると正しい行いは、何か利益やご褒美を得るための手段になる。正しい行動をとる理由は、まだ自己中心的である。

次に、あるグループが善とするものを共有し、グループ内で認められたいと思う。他人の期待に沿うように行動できることを示したいと思う。

発展は続き、学習した決まりを守ることに、義務を感じるようになる。良心によって、正しく良い行動を取る。

次の段階では、私達全てにとって正しいことと間違ったことを考えることの重要さを理解する。市民権と人権が、重要な事柄になる。

最終的には、自分の普遍的原則を応用して生き、必要な場合は、選択できるようになる。また、なぜ自分がある道徳的選択をするのか、説明することができる」

ここでも、市民権と人権は道徳に関することとされている。そして、道徳の最終的な段階は、「自分の普遍的原則を応用して生き」ること、自分の道徳的選択の根拠を説明できることである。

続いて、この項の質問は、次のようである。

・道徳は、時代と場所によって変化するか、それとも、いつでもどこでも同じか。
・道徳は、自分がしたくないと思うことを、義務にすることがあるか。
・合意された決まりを守らなくても、正しいとされる状況とはどんなものか。
・何が道徳の始まりだろうか。人間は、どうやって道徳的で、正しいことと間違っていることを考える存在になったのか。
・グローバルな倫理とは、何だろう。

どうやって、私はそれが正しいと判断できるか

「どうやって、私はそれが正しいと判断できるか」の項は、次の様に始まる。

「人は、他の人と相互に関わりあう。私達の行為の多くは、他の人に影響する。それは、直接的なことも間接的なこともある」

「人は、幼い時からしていいこと、いけないことを学んでいく。（略）重要なのは、自分自身の道徳的価値に従い、正しいことをするよう努めることである」

「成長する中で学んだ、正しい事と間違ったことの概念に基づいて、自分の行動を判断すること。普通は、それで充分である。そうして、他人に無駄な心配や苦しみを与えることなく、一緒に行動することができるようになる。道徳、或いはより正確に言うと、行為の道徳的正当性は、異なる観点から考えることができる。こうしたことを哲学は、千年以上にわたって考察してきた」


続いて、「どうやって、私はそれが正しいと判断できるか」の基準を3つあげている。まず、古代ギリシャの哲学者アリストテレスの考えである。アリストテレスは、「人間の美徳とその発達が、道徳にとって本質的だと考えた。たとえば大胆さ、正義心、

寛大などの美徳である。美徳を持つ人は、道徳的に正しく有益な行為を行う。（略）人は、良い人生を生きることを目指し、望んだ目的を達することができると考えた」

2つ目は、近代ドイツの哲学者カントの思想である。「カントは、行為の背後にある原則について考えた。行為は、全ての人に関わる規則として宣言できるような原則に適っているだろうか。（略）嘘をつくことが、普遍的な慣習になるのは良くないから、私たちには嘘をつかない義務がある。（略）また、他人の立場と状況を思いやらなければならない。他人を、自分が何かを達成するための手段にしてはならないと考えた」

3つ目の方法は、行為の結果を考えることである。「私たちのすることが、良い結果をもたらし、有益であるなら、それは道徳的に正当性があると考えられる。もし、何か害をもたらすなら、それは誤っていると考えることができるだろう。こうした考え方は、功利主義と呼ばれる。また、有益とは何か、ある行為から、利益を得るのは誰かを考えることも重要である」

ここでは、正しいことと正しくないことという道徳の課題をヨーロッパの哲学史に位置付け、異なる視点からの考察を促している。また、功利主義という名をあげ、そうした思想の体系があることを示している。

子どもには様々な権利がある

「子どもの権利」の章は、「権利と法律」「権利と義務」「子どもの権利の実現」「子どもと大人」から成る。

「子どもの権利の実現」の項のイラストには、「子どもの権利は大人の義務」というキャプションがつけられている。日本の教育も、取り入れなければならない考えだろう。

その項は、次のように始まる。

「子どもの権利は国連で合意された。それは、18歳以下のすべての子どもの人権条約である。そこには、子どもの権利が列記され、国家がそれを実現していくことが合意されている。フィンランドで発効したのは、1991年である」

続いて、「子どもの権利に関する取り決め」が43挙げられている。その一部を挙げると、次のようである。

・すべての子どもは、子どもの権利を持つ。子どもやその親の特性、意見、出自などによって差別されない。

・子どもには、健康に生きる権利、社会保障の権利、充分な生活水準への権利がある。
・子どもには思想、良心、宗教の自由がある。
・子どもには、無償で教育を受ける権利がある。
・子どもには、成長とウェルビーイングの観点から重要な知識を得る権利がある。
・教育は、子どもの個人的なスキル、人権、本人の言語と文化の尊重、責任あるシチズンシップ、寛容、環境保護を発展させなければならない。
・子どもには休息、遊び、余暇、芸術、文化的生活への権利がある。
・子どもに関わることを決める際は、常に子どもの利益を優先する。
・子どもには、自分に関わるすべての事柄について、自由に意見を表明する権利がある。子どもの年齢と成長に応じ、子どもの意見を考慮に入れなければならない。
・子どもには、市民組織に加入し活動する権利がある。
・子どもには、プライバシーと通信の秘密の権利がある。子どもの名誉と評判を貶めてはならない。
・子どもは、すべての暴力、ネグレクト、搾取、虐待、ハラスメント、人身売買から護られなければならない。

・体罰、残酷で貶めるような罰の禁止。
・家族と一緒に生活できない子どもには、特別の保護と支援を受ける権利がある。
・難民の子どもには、必要な特別のケアを受ける権利がある。
・障がいのある子どもは、可能な限り最善のケアと支援を受ける。
・少数民族に属する子どもには、自分の文化、宗教、言語への権利がある。
・親には、18歳になるまで、子どもを経済的に養う義務がある。
・国家は、保育と児童保護のサービスを保障しなければならない。
・国家は、子どもの権利条約が規定する権利を実現しなければならない。
・国家は、すべての市民が子どもの権利を知るよう努める義務がある。

子どもには、様々な権利があるのだ。この長いリストは、人権と一言で言っただけでは分からない権利を明らかにしている。人権は、ヒューマンライツの日本語訳だが、ライツは複数形で複数の権利が含まれるのだ。

自分の権利を知ることは、自己肯定感を高める。また、他人にも同じ権利があることを知り、それを尊重することが義務になる。さらに権利が侵された時、それを不当なこと感じる能力も育つ。
日本の道徳は、権利を教えず、子どもが「進んで義務を果たす」ことを求める。フィンランドの教育では、国家と親にも義務があることを教えている。

12歳から始まる様々な権利

「子どもの権利の実現」の項には、「重要な年齢規定」がある。

・12歳で、自分に関わる公的な決定について、役所や公的機関に意見を表明できる。子どもの許可なく、名字や名前を変えてはいけない。
・15歳で、刑法の対象になる。学習義務を果たした場合、契約を結んでフルタイムで働ける。働いて得たお金を自分で管理できる。軽四輪車とトラクター、モーターボートを運転できる。両親の許可を得て、名字と名前を変えられ、宗教的組織に加入、或いは脱退できる。15歳以上の2人以上の人と共に、市民組織を設立できる。
・16歳で、軽二輪の運転ができる。学習義務が終わる。
・17歳で、国から親への児童手当給付が終わる。学生は、国の学習支援（給付型奨学金、学習ローン、家賃補助から成る）を申請できる。
・18歳で法的に成人になる。契約を結べる。両親の許可を得ずに、自分に関することを決定できる。選挙権と普通選挙の被選挙権を得る。自動車、トラック、オートバイを運転できる。結婚できる。自分の意思で宗教的組織に加入、脱退できる。学生でない場合、離婚した親からの養育費支払いが終わる。男性の兵役義務が始まる。

正確に言うと、18歳で国政選挙と国民投票で投票する権利を得る。現在、地方選挙では年齢を16歳に下げることが議論されている。選挙権は、民主主義の参加方法の一つであるが、その他にもデモやストライキ、異議申し立て、地方自治体住民イニシアチブ、市民イニシアチブなど政治的な参加の方法は多様である。政治参加をするためには、まず自分の権利と義務を知り、批判的に考え、何ができるのか、どう参加するのか等を知っている必要がある。フィンランドの教育は、そうしたことを教えている。

日本では、２０１６年から選挙権年齢が20歳から18歳に引き下げられた。しかし、自分の権利を充分教えられることなく、批判的思考や政治参加の訓練もほとんど受けないままでは、政治が身近な問題と直接繋がる事としては感じられないだろう。18歳で選挙権を与えるだけでは、不十分なのではないか。

権利と義務＝ルール

「権利と義務」の項は、次のように始まる。

「権利は、義務も伴う。多くの義務は、私達自身が何を正しい、何を間違っている、と考えるかによる。また、法律で決められていて、遵守しなければならない義務もある。


たとえば、子どもには教育への権利があるが、教育は義務でもある」

「社会は、私達が法を守り、人として生きることを求める。もし法律や規則を破った場合は、罰則が伴う」

続いて、前に紹介した、服装に関するクラスでのルール作りの話が載っている。「他人の服装やヘアスタイルに口出ししない」というルールを、話し合って決めた。子どもには、自分たちのルールを作る権利があり、皆が合意できるルールを作ることが大事なのであって、それを守ることが義務である。違反した時の罰則は決めなかった、とある。

この項の質問は、次のようである。

・権利と義務はしばしば一緒になっている。もし、自分で宿題について決める権利があるとしたら、どんな義務がついてくるだろうか。
・現在の社会が認めないような権利は、あっただろうか。
・いつも守らなければならない義務を5つ考えなさい。
・それぞれの場での、義務と権利をあげなさい。学校。家で。休日。

これらの質問から、義務はルールと言い換えてもいいようなことであると分かる。苦役である必要はない。ここで出てきた義務は、正しい決定を行う義務、ルールを守る義務、嘘をつかない義務、学習義務、兵役義務、税金を払う義務、法律を守る義務である。また、親には子どもを経済的に養う義務があり、国家には、保育と児童保護のサービスを保障する義務、子どもの権利条約が規定する権利を実現する義務、すべての市民が子どもの権利を知るよう配慮する義務がある。子どもの権利は大人の義務でもある。

つまり、義務は、日本の道徳教育が示すように、国家が一方的に子どもに要求するものでは決してないことになる。子どもの権利と国家の義務は教えず、「進んで義務を果たす」ことだけを求めるのは、道徳的ではないのだ。

学校では法律が遵守される

「子どもの権利」の章、「権利と法律」の項を見てみよう。

赤信号で道を渡らずに待つか、待たないで道を渡るかについての子ども同士の会話から、法律と社会的なルールの話になる。法律を次のように説明している。

「法律は、議会の議決によって制定される。人の権利は法律によって護られる。（略）法律は義務も定める。たとえば、収入があれば、税金を払わなければならない。物事がスムースに運ぶように、法律で体系化、組織立てる。たとえば、交通の規則である。悪い点があれば、法律は変えることができ、新しい法律を制定することもできる」

「人の安全のために法律を制定することがあり、そのために権利を制限することもある。最も重要な人の権利は、国連の人権宣言が制定している。すべての人は、人権を持つ。普通、人権は憲法によって守られている。法律は、市民にその他の権利を与えることがある」

ここでは、身近な赤信号の話から始まって、法律の仕組みが説明される。信号のルール、権利と義務、法律、憲法、国連の人権宣言への広がりと繋がりが示される。

この後、次のような質問が続く。

・あなたが持つ権利をリストにしなさい。あなたにとって重要なのはどれか。
・学校では法律が遵守され、それとは別に学校の規則がある。あなたの学校には、どんな規則があるか。
・「人生観の知識」は、基本教育法のどこに述べられているか、先生と一緒に調べなさい。

「学校で法律が遵守され」るのは、フィンランドでは小学生にも教えられ、知っていることなのだ。憲法第2条は「全ての公的活動において、法律は、厳格に遵守されなければならない」としている。学校には、それとは別の規則がある。社会には規則と法律の層がある。これらの質問は、権利と規則、法律を自分の事として感じ、考えることを促すための問いと言えるだろう。

思想と言論の自由、一人で解決できない時

「思想の自由」という章では、思想と言論の自由の大切さを説明している。しかし、言論の自由には限界があり、発言には責任を持たなければならない。人を傷つけるもの、苦しみを与えるもの、他人の権利を侵害するものであってはならない。多様性を認め、寛容であることとの重要性も述べられている。

この項の課題は、次の様である。

有名な思想家について調べなさい。たとえば、バートランド・ラッセルやシモーヌ・ド・ボーボワールなど。

「人間と自然」の章には、「決定に影響する努力」という項がある。環境問題を取り上げて、いかにそれを政治活動につなげていくかを扱っている。

「環境の利用や取り扱いに関しては、しばしば相反する要望がある。環境問題は、政治

的問題になりやすい。こうした問題には、影響を与えていくことができる。一人でできることは、限られているので、人は集まって様々な組織を作ってきた。その目的は、決定に影響を与えることである。決定には、国全体に関わるもの、市や市の一部に関わるもの等がある。

気候変動の解決を目指すような、全世界を対象とする運動をする組織もある。組織の目的は、人々の意見や態度に影響を与えようとするものもある。（略）こうした組織では、決定に関わる役人や政治家と接触することが重要である。（略）また、企業と話し合いを持つことも必要である」

一人で解決できない問題がある場合は、集まって組織を作り、市や国、全世界に働きかける運動を行うことが示される。役人や政治家、企業と接触し、決定に影響を与えていく。こうして、自分の考えを政治的活動につなげていく道を教科書は示している。

知るとは何か

「人生観」という章は、最初の「信じること、推定、知識、理解」という項目で、「人生観の知識」という科目を説明している。まず、知るとは何かという問題である。「私たちは、ヘルシンキがフィンランドの首都だと、なぜ知っているのだろう。水は100℃で沸騰すると、なぜ知っているのだろう。朝太陽が昇ると、なぜ知っているのだろう。知識とはなんだろう。（略）

人には、世界とその現象について知り、説明したいという欲求がある。（略）どうすれば確実な知識を得られるかについては、2つの見方があった。1つは物事を観察し、実験することである。もう1つは、人の感覚はあてにならず、実験には誤りがあるかもしれないので、理性的に道理で考えることである。18世紀になって、知識を得るには両方が必要だということが認められた」

ここで説明しているのは、観察や実験、実証によって知識を得る方法と、理論的に考えて知識を得る方法である。帰納的思考と演繹的思考への導入にもなるだろう。

こうした記述の後、次のような質問がされる。

・あなたは、自分で世界の全ての事を経験することはできない。どういう根拠で、ある知識を真実と考えるか。
・次の主張は正しいか。その根拠は？
・2足す2は4である。
・サンタクロースは存在する。
・地球は丸い。
・地球と月の間の距離は、約30万キロメートルである。

人はどう生きるべきか

「世界像、世界観、人生観」という項では、「人生観の知識」という科目が、実はより大きな哲学や宗教観の一部であることが、少し明かされる。

人間の知覚する世界は、世界像、世界観、人生観の3つから形成されるという説明があり、さらに、宗教的な世界像と科学的な世界像の違いが説明され、有神論、無神論、不可知論が1〜2行で説明されている。「人生観の知識」が扱う道徳は、こうした知識に連なり、人はどう生きるべきか、良い人生とは何かを考えるものであることが、短く書かれている。

高校の「人生観の知識」は、小中学校で学んだ課題をさらに深め、より大きな拡がりをみせる。人権は、高校でも中心的課題の一つであり、人権の根拠となるのは、人の尊厳である。

「人の尊厳は、人の特性や能力にかかわらず、人の存在そのものに価値を認めることを意味する。人は、それ自体で価値がある。それは、根源的な価値である。

尊厳は、道徳的かつ司法的概念である。多くの国で、それは憲法が規定している」

人は人であることによって尊厳を持ち、それが権利の基盤になるという考えが説明されていく。人は神の姿に作られたので、そのあるがままで価値があると考えられたという。「尊厳は、道徳的かつ司法的概念である」という考えと共に、ユダヤ・キリスト教の思想を背景に持つものである。

高校になると選択科目として倫理がある。倫理は、道徳を哲学的に考える分野で、「人生観の知識」とも関連している。生と死、時間、存在論など様々な理論も学んでいく。

また、教育の意味についても考察している。高校1年生用の教科書（2016年）には、「養育と教育の影響」の章があり、次の様に述べている。「国の教育計画は、それによって生徒を育てようとするイデオロギーと価値、目的を映し出す」。そして、練習問題として以下のような設問がされている。

・高校の教育計画の基盤となる価値及び、実際に教育がどう行われるか調べなさい。生徒が、どういった価値を内部化することが想定されているか。そうした価値をどう思うか。

・『人生観の知識』の教育計画を調べなさい。それをどう思うか。

教育を受動的に受けるのではなく、自分が受けている教育の背後にあるものをチェックし、考えることを促す質問である。また、民主主義国家の教育と、全体主義国家の教育の違いを次のように説明している。

「市民に知識を得る能力や動機、可能性がない場合、民主主義は単なる選挙権の行使に終わってしまう。養育と教育が、批判的に考える市民を育てることを可能にする。それは、民主主義を進める基本である。
国家が組織的なプロパガンダを行う全体主義的な国では、国民は国家のイデオロギーに従順であるように育てられる。そうした国では、批判的な国民は社会的危険、国家制度を揺るがす存在と見なされるので、自分で考える能力を発達させる価値は認められない」

日本の高校生が、教科書からこうした知識を得ることはあるのだろうか。

第三章　フィンランドはいじめの予防を目指す

男児と女児では異なる、いじめの実態

「校庭にいたら、大きい男の子が、僕のことヤプシって言ってたよ」と、息子が言った。フィンランドの小学校に、3年生として転入して間もない頃である。

「え、本当？」と夫が驚いていた。

「ヤプシって何？」

「うーん、日本人のことだけど……あんまりいい言葉ではないね」

初めて聞く言葉だったが、夫によるとそれは「ジャップ」という英語のフィンランド語版だという。ジャップは、日本人を指す蔑称だが、久しく聞いたことが無かったという。息子もその言葉を知らなかったのだが、ポジティブな意味ではないことは感じてい

た。

しかし、息子は悲しんだり、泣いたりしているわけではなかった。まったく知らなかった言葉で「君は○○だ」、と言われたことに驚いた。意味はわからなかったし、良いことではなさそうだが、新しい環境の中で、自分が何か特性を持つ存在として認められていく、一つの段階のように感じた面もあったようなのだった。同級生ではなく、校庭で上級生に言われたことなのだが、この時だけのことだったようなので、担任の先生には特に伝えなかった。フィンランドでは、小学校の時から様々な外国語教育と多文化教育が行われている。学校では、「日本語もできていいね」、と言われることの方が多かった。でも、今考えると、こういうことがあったと伝えてもよかったと思う。

息子の小学校では、ふざけあいであっても、校庭で子ども達が手で押しあうことが禁止されていた。また、現在も禁止している学校は多い。初めは、軽く手で押しあっていたにしても、それが段々エスカレートし、叩いたり突き倒したりに発展することがあるからだという。子ども達が校庭にいる時は、常に先生がいて子ども達を見ており、気がつくとすぐ注意してやめさせていた。

いじめに関して印象深かったのは、講演会である。息子の小学校には、保護者組織があった。その主催による「親達の夕べ」での講演会で、私は会員ではなかったが、誰でも参加できるので聞きに行った。講師は、学校でのいじめを研究している女性研究者である。あるグループの中に、いじめる子ども、それを手助けする子ども、いじめられる子ども、傍観する子どもがいるという、いじめの構造や心理を図解で説明していた。傍観は中立の立場のように見えるが、それがいじめを持続させてしまうという。

また、男児と女児のいじめには違いがあり、男児の場合は、嫌がるあだ名で呼んだり、叩いたり蹴ったりなど、直接的、肉体的なものが多いという。しかし、女児の場合は、仲間はずれにしたり、第三者を通していじめたりして間接的、心理的なものが多いという。フィンランドの教育では、男女差を減らすよう配慮されているので、男女児の差についての話は意外だった。しかし、観察と研究に基づく事として淡々と語られ、そこに、道徳的な口調はまったくないことが印象的だった。

学校での対策としては、普段からいじめについてクラスで話し合う事、いじめを起こさないためのルールを一緒に作ること、もしいじめが起きた場合は、担任と当事者のこども達が話し合う事などを挙げていた。

キヴァ・コウル（KiVa Koulu）というプログラム

フィンランドでは、いじめの予防が重要視されている。また、いじめのない関係は、人間関係のスキルの一端として学ぶことができると考える。さまざまな取組みがあるが、最も体系的なのは「キヴァ・コウル（KiVa Koulu）」である。KiVaは、kiusaamista vastaan（いじめに抗して）というフレーズの最初の2音節をとった言葉である。キヴァ（kiva）は、ナイスという意味でもある。コウルは学校なので、耳できくと「ナイス・スクール」に聞こえ、二重の意味を持つ。

キヴァ・コウルは、教育文化省の助成を得て、トゥルク大学の心理学の教授、クリスティナ・サルミバリが開発した小中学校用のプログラムで、いじめとそのメカニズムに関する長年の実証的な研究に基づく。

いじめに防止、介入、モニタリングの3つの段階を設け、それぞれで何をすべきかを具体的に示す。小中学校でキヴァ・コウルの教材を使用して学習し、いじめがあった時は、積極的に介入、その後モニタリングを行う。

教材は、練習問題やクラスでのディスカッション、ビデオ、オンラインゲームなどを含む。いじめは、傍観する子どもがいて、それがいじめを維持してしまうことが多い。教材を使って、集団の中での行動や感情、同調圧力、いじめるのではなく応援することなどを考え、学ぶプログラムである。このプログラムには、いじめる子といじめられる子、双方を入れた話し合いも含まれる。

4年生用のシミュレーションゲームを見てみよう。クラスで学習したことを追体験するもので、まず自分のパスワードでログイン。ヘアスタイルや服装のスタイル、色などを組み合わせて自分の像を作る。「知っている」、「できる」、「行動する」の3つの項目があり、それぞれ5つのレベルがある。「知っている」で友達間のルールや、何がいじめになるかなどの知識を確認する。「できる」では、校舎の中でいろいろないじめの例が示される。いじめる子、いじめられる子、見ている子、止めようとする子などの中に自分も参加する。「行動する」ではどの程度、学んだルールを守ったか、自分はどう行動したかについて回答し、フィードバックを得る。

このプログラムは、2009年に始められ、2年間、フィンランドのすべての学校に、無償で提供された。その後は、教材が有償化。現在は、登録してキーワードを得た学校がプログラムを使用している。

調査によると、小学校では10〜20％が、中学では5〜10％がいじめられた経験があるという。いじめは打ち明けにくく、人には話さないケースが多い。打ち明けることによって、ますますいじめられるかもしれないという恐れや、話してもどうにもならないという無力感もある。

２００９年の調査では、小学4年から中学3年生の10％前後が、学校を安全と感じていなかった。しかし、２０１７年の調査では、３〜５％に減ったという。また、このプログラムを学校が使っていると知ることで、安心感や居心地の良さが増えるという。

このプログラムによって、いじめが完全になくなるわけではないかもしれない。小さい学校にはあまり向かないという報告もあった。部分的にプログラムを修正した学校もある。しかし、このプログラムを採用した学校では改善が見られ、いじめは減少していると報告されている。

こうした全国的なプログラムは、世界でも他に例がないとされる。英語版もあって、外国の小中学校でも使われている。現在、スウェーデン、ベルギー、オランダ、エストニア、イギリス、ハンガリー、スペイン、イタリア、ニュージーランド、チリなどで導入されている。

このプログラムは、定期的に子どもと学校関係者の双方から、ネット上でアンケート調査を行っている。1年を振り返って子どもが回答し、実際にどう体験したかを示すデータになっている。また、ホームページには、いじめについての文献、論文、実証的研究の報告等が、多数リストアップされている。

大人が言ってはいけない言葉

キヴァ・コウルは、ホームページのリンクに「いじめとは何か」という記事を載せている。

そこで、いじめは常に重大な人権の侵害で、人の尊厳を失わせることであり、いじめられた人のウェルビーイングとその後の成長への大きなリスクとなるとしている。

また、いじめられた子どもに対して、善意からであっても、次のような言葉をかけることは、さらに傷つけることになるという。

「私も学校でいじめられたけど、大きくなって、特に悪い影響はなかった」

もし後年、何も悪い影響が出なかったとしたら、それはいじめではなかったのだろう。いじめを受けることは、その後の心身の健康や発達を損なうほどのリスクを負うことである。

「自分を守らなくちゃね」

いじめは、力関係が異なる人の間で起こるため、自己防衛は難しい。自己防衛を期待するのは、いじめられる側に責任を転嫁することである。いじめにあっていることは、周囲の人に打ち明けにくい。周りに助けを求めるのは、自己防衛できないのではなく、実はとても勇気のいることである。

「いじめは精神や人格を鍛え、困難な状況でも生きていけるようになる」

実証的な研究によって、いじめは困難な状況を生き延びる能力を減らすことが分かっている。いじめは、いじめられた人の自尊心と他人への信頼も破壊してしまう。いじめが、自分をコントロールする能力を発達させることはないし、誰もいじめという形で人格形成を行うべきではない。人格発展は、お互いの信頼と尊重の中でなされるべきである。

「あれは、いじめではなくて遊びやからかい、単にふざけているだけだ。深刻に受け止めなくていい」

いじめは、言葉や肉体的な力によって、或いは間接的な方法で、残酷に傷つけることである。遊びやからかい、ふざけることとは異なる。遊びやからかい、ふざけは、人を傷つける事ではなく、一緒に楽しむことである。

これらの言葉をかける人は、いじめが子どもを傷つける深刻さを理解していないという。こうした言葉が、いじめの二次被害を起こすということだろう。

ネット上のいじめには、法律と警察も視野に入れてアドバイス

フィンランドで、いじめ防止やそのための啓蒙活動を行う組織の一つとして、1920年に創立されたマンネルヘイム子ども保護同盟がある。「すべての子どもに、幸せな良い子ども時代への権利がある」を標語にし、子どものウェルビーイングのため活動を行う、フィンランド最大の組織で、ホームページに、ネット上のいじめについて情報を載せている。

個人情報を流す、加工した写真を拡散するなど、ネット上のいじめは、しばしばテク

ノロジーの問題とされることが多い。新しいテクノロジーが、子どもたちの関係に新たな問題を起こすと考える人がいる。しかし、研究によると、ネット上のいじめは、学校でのいじめと連結して起きているという。

大人は理解しないと思って、児童生徒は、ネット上での体験について大人に話さないことが多い。しかし、ネット上でのいじめは、学校でのいじめ防止のプロセスの一部とすべきだという。学校でメディアスキルについて子どもと話し合い、支援することが重要としている。

子どもが、ネット上のいじめについて打ち明けた場合、具体策として次をあげている。

・ネットを使うことを責めず、支える。いじめを打ち明けてくれたことを感謝する。
・いじめのメッセージには答えない方が良い。
・メッセージを保存する。
・どうしたらこうしたことを防げるか、子どもと一緒に考える。
・メッセージを送った子どもと送られた子どもが知り合いの場合は、両方を知る大人に知らせる。

・同じ学校の子どものいじめの場合は、学校に連絡する。
・いじめ行為が、規定に違反している場合は、管理者に連絡する。
・行為が、法律に違反する場合は、警察に連絡する。

法律と警察も視野に含めた対応の仕方が、アドバイスされている。

あなたは、一人ぼっちではない

子どもに向けての助言もある。障がい者同盟という市民組織が発行した「フィンランドでの生徒児童の権利」という小冊子がある。子どもの権利と義務、安全な環境づくりなどについて学校でのウェルビーイングをわかりやすく説明するもので、いじめについては次のようにある。

「いじめる人は、一人かもしれないし、グループかもしれない。先生や学校の職員のこともある。（略）もし、あなたがいじめられたり、いじめたりしている時、あなたには助けと支援を受ける権利がある。もし、いじめに気づいて誰かに話した時、告げ口したと言われたり、いじめられそうになったりするようなことから、あなたは守られなければならない。学校の大人には、いじめに介入する義務がある。いじめる子の親と先生が知り合いだとか、親の地位が高いから先生がいじめについて話しにくいとか、そういう理由で気づかないふりをしていてはいけない。もし、先生が何もしてくれなかったら、あなたには学校のカウンセラーや、居住地の医療センターに助けを求める権利がある。あなたは、一人ぼっちではない」

子どもの立場にたって、わかりやすく書かれている。ここでも、権利と義務の視点から説明されている。また、自分がいじめる側にある場合にも、助けと支援を受ける権利があるという考え方が示されている。

いじめは関わり合いのスキルの問題

学校のいじめは、社会的な関心の高い課題であり、しばしばメディアでも取り上げられる。2017年11月14日付全国紙ヘルシンギン・サノマットに載った記事を見てみよう。

教育学者ラウラ・レポによれば、いじめる子といじめられる子という固定した役割があるわけではなく、ある集団の中で生まれる役割だという。そして、いじめは相互の関わり合いのスキルの問題であり、それは学ぶことができる。相互の関わり合いのスキルは、相互の関わり合いの場でのみ学ぶことができ、遊びを通じて学べる。

まず、すべての子どもが、自分は大切で価値ある存在だと感じ、自己肯定感を持つことが大事だという。そのために、保育園時代から、大人は子ども達全員とポジティブな関係を作る必要がある。また、いじめは幼児期に大人が介入することで防げると言う。保育園で、いじめについて話し、どんなことがいじめなのかや、他人との関わり方を体系的に教える。大人がすべきことは、ルールを作ることだという。また、小学校では休み時間にも、指導する大人がいることが必要である。

レポは、『友達のスキル』という本を出しており、保育園や学校でできる具体的な遊びやゲームを紹介している。「すべての子どもに、いじめられないことを学ぶ権利がある」「いじめは容認できないが、いじめる子どもも他の子と一緒にいることを学ぶ権利がある」というレポの言葉は、権利を中心に考えるフィンランドの教育のあり方を表している。

なぜいじめたのか

ヘルシンギン・サノマット紙は、学校でいじめた経験のある大人に、なぜいじめたのか、今振り返ってどう思うか等についてアンケート調査を行い、300以上の回答を得て2018年1月2日に掲載した。心理学者がそれを分析。次の様に、いくつかに分類して解説している。

1　自分自身、学校でいじめられた経験がある

アンケートでは、5分の1の人が、自分もいじめられたことがあると回答した。自分がいじめる側に回ることによって、いじめられた時の不安感や絶望感から逃れるケースがあるという。

2　家庭の問題

アンケートで、小学校でいじめたことがある32歳の男性は、貧しく安全でない家庭に育ち、いじめることによって自分が強く見えると感じたと回答した。

自尊心や自信に欠ける子どもが、いじめによって自分の力を試そうとすることがある。いじめが長期にわたる場合は、いじめる子どもに精神的な問題やトラウマがあるケースがある。親から精神的、肉体的虐待を受けていたケースもある。しかし、特に問題のない家庭の子どもがいじめることもあり、個々のケースについて、丁寧に見ていくことが大事だとしている。

3　いじめによるグループの強化

いじめによって、「我々」意識が共有、強化される。グループ内の同調的圧力からいじめに加わり、承認と権力を得るケースがある。いじめに加わることによって、自分は安全地帯にいることができる。傍観することも、積極的な参加である。

4　鏡の中の自分

少し皆と異なる特性を持つ子どもが、いじめの対象になりやすい。社会的なスキルがないなどである。そうした特性は、実は、自分にもあるが認めたくないもの、心に隠し持っているものである場合があり、そのため苛立ちの原因になる。鏡の中の自分を見ているように感じることが、いじめに繋がるという。

このアンケートでは、現在の心境として、ほぼすべての回答者が深い後悔と恥じる気持ちをあげたという。小学生の時にいじめた経験のある41歳の男性は、強い罪悪感に苛まれ、長年にわたって自分を責め、一生乗り越えることができないだろうと語った。また、いじめられた側も、苦しかった思いから抜け出すことは、一生ないのだろうと。

一般に、学校でのいじめは中学が最も悪質だという。その理由は、グループに属すことへの強い欲求がある一方、反抗期でもあるからだ。いじめは、グループ内のダイナミズムである。他の子どもの陰に隠れてしまうことを避け、一人一人を可視化、ネガティブな気持ちを解体すること、グループ内の力関係を解きほぐすことが必要としている。

いじめは法的な問題

フィンランドの基本教育法第29条は、「学習に参加する者には、安全な学習環境への権利がある」としている。「安全な学習環境」は、肉体的、精神的に安全で怯えや恐れを感じなくていい環境である。「安全への権利」は、「はじめに」でふれたように憲法第

7条でも保障されている。続けて、「学校で、または通学中にハラスメント、いじめ、暴力があったとわかった場合、学校の先生、または校長は、被害者と加害者の生徒の保護者、または法的代理人に通知しなければならない」と規定している。

マンネルヘイム子ども保護同盟は、「いじめは、法が規定する犯罪の特徴、様相を満たす場合、犯罪となる。たとえば、中傷、脅迫、軽度の虐待などに関する法規定は、いじめに適用される。また、いじめる者の共犯者、手助けする者、扇動する者も法に基づいて処罰される」としている。

つまり、フィンランドでいじめは、法的な問題であり、法に基づく処罰もありうる事として認識されている。

2018年4月には、改正予定の幼児教育法に、初めていじめ防止に関する規定を盛り込むことが決められた。教育文化大臣のサンニ・グラーン＝ラーソネンは、いじめの兆候があったら、すぐに大人が介入し、いじめることもいじめられることもない安全な環境を確保することが必要と述べている。就学前教育の質を高めると共に、法律によっていじめや暴力から子どもを守ることが必要としている。

法律ではないが、「ヘルシンキ市基礎学校教育計画2016」は、「いじめ、暴力、レイシズム、その他の差別は許容されず、不適切な行為には介入する」としている。学校が、いじめに対して強い態度で臨んでいることがわかる。

「道徳」でいじめはなくなるか

日本で学校でのいじめは、行政によって道徳意識が希薄だからという理由をつけられ、道徳教育強化が必要という方向に持っていかれやすい。2013年に施行されたいじめ防止対策推進法でも、「学校におけるいじめの防止」で「道徳心を培い」「道徳教育及び体験活動等の充実」がトップにあげられている。また、2018年からの道徳の教科化にも、いじめが理由として使われた。

だが、道徳教育の強化は、いじめ対策として適切でないという報告がある。実証的研究と専門的知識に基づいたアプローチ、いじめ防止のための具体的なプログラムやノウハウこそ必要ではないか。

日本PTA全国協議会の『いじめ対策に関する保護者向けハンドブック』(2015年)は、冒頭で次のように述べる。

「『個』を尊重する価値観の下、コンビニエンスな社会が進む一方で、公共性のある課題が山積している昨今、子どもたちを取り巻く社会背景、教育環境のなかでも『いじめ問題』が大きな社会問題となっています。ネットにつながるゲーム機器、携帯電話やスマートフォンの急激な普及は、新たないじめの発生にもなっています」

個の尊重がいじめにつながっているかのような口ぶりであるが、フィンランドで子どもの権利を出発点にして、いじめ防止を図るのとは逆の立場である。「ネットにつながるゲーム機器、携帯電話やスマートフォンの急激な普及」という書き方にも、日本の教育がテクノロジーを敵視する傾向が現れている。

『いじめ対策に関する保護者向けハンドブック』では、解決策として「市民ぐるみでいじめをなくそう」などを挙げるが、具体的に、どう取り組むかについての提案はない。

このハンドブックは、行政機関が親に指示するスタイルで書かれており、読んでいて違和感が大きい。具体策はなく、実証的な研究の文献や報告書の掲載もなく、主張の根拠も明らかにされていない。

第四章　フィンランドの性教育

起点は自分の心身と向き合うこと

「僕、わかんない」と息子が言った。

「え、何が……あ、そうよねえ」

息子は10歳位で、パソコンの前に座って宿題の問題に答えていた。のぞきこむと、わからないと言っているのは性教育の科目だった。「女の子は、11歳頃になると毎月、出血が始まる」「男の子は、ペニスから精液が出て来ることがある」などのいくつかの記述があり、正しい答えを選ぶのである。


息子は、「健康の知識」と呼ばれる日本の保健に相応する科目で、性交については小学校で学んだ。性交、妊娠、出産などは小学校で学び、さらにセクシュアリティに関わる事柄を広く深く学んでいく。中学の時、学校でコンドームが配られたことがあり、高校では、もらいに行くとくれたそうだ。必要な時、無償で妊娠や性病を予防するためである。

フィンランドで、性教育はウェルビーイングの一部として位置づけられている。セクシュアリティは、人生を豊かに生きていくための大切な要素である。フィンランドの性教育が含むものは非常に幅広く、性交、妊娠、出産などのメカニズムはその一部にすぎない。時期的にも、幼い子どもが自分の性器に気づいたり、性に好奇心を持ったりした時から、絵本などを使ってゆるやかに始まる。保育園の時から、子どもがどうセクシュアリティを感じ、語り、表現し、遊ぶかに注意が払われる。

性教育で起点になるのは、自分の心身と向き合う事である。身体の仕組みと成長。人を愛すること、愛される事、さまざまな感情。カップルの関係、人間関係。どう生きるかという問題。ライフスタイル。さまざまな権利（自分の身体に関する権利、不快に感じる、触られたくない、性的交渉を持ちたくない時は、そう言う権利、自己決定権など）。性的行為は同意によるものであること。相手を尊重すること。自慰。避妊。中絶。

性病。同性愛などさまざまな性的指向。文化によって異なる性的規範や感情。家族。事実婚、結婚、離婚、同性婚。親になること。子どもがいないこと。不妊治療。老い。家庭内暴力。セクハラ。性的虐待。性暴力。売春。ポルノ。広告。メディア。

こうした幅広い課題を、高校まで学んでいく。児童精神科医で、性教育やジェンダーなどについて多数の著書のあるライサ・カッチァトーレは、「すべての子どもに、その年齢に応じて性について知る権利がある」と語る。それは、子どもの権利を出発点とする、フィンランドの学校教育の一環としての性教育のあり方を示している。

日本の義務教育では性交を教えない

日本は刑法上、性行為の同意能力がある年齢を13歳以降としている。しかし、義務教育では性交を教えていない。私自身も、性交について学校で学んだことはない。日本の性教育は、１９９０年代に盛んに行われるようになったが、２００３年保守系の都議が問題視、２００４年に都教育委員会を経て、バッシングの動きは文科省にも広がった。学習指導要領でも、中学校の教科書では「性交」ではなく「性的接触」という言葉を使うことになったという。

「性交」「性行為」「セックス」という言葉は、小中の学習指導要領で扱っていないため、現在の教科書にはなく、事前に校長の許可が得られなければ使いにくいという。

２０１８年3月、東京都足立区の区立中学校で、3年生を対象に行われた性教育の授業について、都議会文教委員会で自民党都議が不適切と指摘。東京都教育委員会が区教委を指導したことが報道された。その授業では、性交や避妊という言葉が使われていた。高校生になると中絶件数が急増する現実や、コンドームは性感染症は防ぐが、避妊率が9割を切ることなどを伝えた上で、思いがけない妊娠防止には性交を避けることと、正しい避妊の知識が話された。それが問題にされたのだ。

つまり、性交や避妊という言葉を使うことも望ましくなく、高校生は性交を避けるべきということである。セクシュアリティの意味や豊かさ、他人との関係のあり方などを含めて、より広く性に関する知識を子ども時代に得ることは大切だと思う。充分な知識を得た後、それぞれが良識をもって判断、行動していけば良いのではないか。

２００９年、ユネスコは性教育の指針として『国際セクシュアリティ教育ガイダンス』を発表しているが、日本の性教育は、こうした国際的な方向性ともまったく乖離している。

性について教えられていない一方、日本では痴漢やセクハラが蔓延していて、性犯罪にあったら、どう対処すればよいのかも教えられていない。また、被害に遭った女性が声をあげにくく、黙らせようとする雰囲気と構造も根強い。

愛すること、共に生きること

ここでは、フィンランドの性教育の内容を見たい。参照するのは、2010年に発行された、中学3年生用の保健の教科書『ナビゲーター、私はここにいる』である。この教科書は26章から成り、「性的成長への力」「思い切って愛すること」「性暴力と知人による暴力」という3つの章が性に関することを扱っている。「性的成長への力」には「セクシュアリティは、人生を通じて変化する」「セクシュアリティの多様性は、貴重である」「セクシュアリティは、健康を維持する一つの要素である」がスローガンのように並んでいる。冒頭を紹介しよう。

「人は皆、身体と感情、考え、経験を持ち、自分のセクシュアリティを表現するスタイルがある。（略）子ども時代に得たモデル、友達の態度、文化、宗教、その他さまざまな概念が、セクシュアリティについて考えたり話したりする仕方に影響する」

そして、「自分のジェンダーとセクシュアリティを、生涯固定してしまう必要はない。ジェンダーとセクシュアリティは、さまざまな人生の過程に応じて、また、経験や出会った人、世界観に応じて変えたり、揺れ動いたりして構わない」とある。

「自分の心の奥底にある気持ち通りに、性的である勇気がありますか」という見出し以下は、

「人生のすべての段階は、重要かつ、貴重である。（略）私たちは、毎日たくさんの選択をしていて、それによって他の人達とは違う道を歩んでいる。セクシュアリティは、子ども、若者、大人、中年、老年などの段階に応じて変わる。特に、変化のきっかけになるのは、反抗期、パートナーを得た時、病気になった時、障がいを負った時、年老いていく時、妊娠、親からの自立、自分は他人と違うと体験する時、自分の性的指向について考える時である」と続く。

「自画像とセクシュアリティ」は次のようである。

「性的な自画像は、より大きな自画像の一部である。（略）周りの人のコメント、他人

のセクシュアリティとの関係で自分を見つめる。（略）自分のセクシュアリティに向き合うのは、必ずしも易しいことではない。周囲にある厳格な規範が、性的自画像形成を困難にすることがある。自分のセクシュアリティが、適切ではない、怖いと感じてしまう時も、形成が難しくなる。例えば、欧米のヘテロセクシュアルな規範が、自分のセクシュアリティに正直に生きることを妨げ、困難にしてしまうことがある。自分の性的自画像を明確に見つけるのは、普通20歳を過ぎてからである」

「異性愛の規範」というコラムは、

「異性愛の規範は、ジェンダー役割についてパターンになっている概念で、何が男であり、何が女であることかを規定している。ジェンダーの役割で、何が容認され、望ましいとされ、悪いと見なされるかは、文化と時代によって変わる。ジェンダーの役割は、意識されていないことも多く、すべての人が異性愛者であることを前提にしている。こうした前提が、異性愛の規範である。

その規範によると、異性愛が第一で自然である。それは、男性と女性の対比を強調する。それは、私たちがあるがままの自分でいられる可能性を規制する」と続く。

「ジェンダーの多様性」では、ホモセクシュアル、バイセクシュアル、アセクシュアル、トランスジェンダー、インターセクシュアルなど、従来の性的規範に挑戦しようとするあり方が紹介されている。

次の章「思い切って愛すること」は、「目指すのはパートナーとの平等な関係」「ロマンチックな愛」の項目から成る。前者は次のようである。「若い時、交際する人は多い。1日だけのこともあるし、一生続くものになることもある。こうした交際で、パートナーとの関係のスキルを学ぶ。近くにいて、自分とは異なるあり方に寛容であること」「パートナーとの平等な関係は、自分を失うことなく、一緒に生きていくことを可能にする。自分の友達と過ごす時間も持てる。また、家事や避妊などに関して、どちらか一方が責任を持つのではなく、どちらも程よく分担する。健全な関係では、相手が感情を爆発させることを恐れる必要はない。

私たちは、愛情深くて、相手を尊重するパートナーになることを学べる。それは、一生練習し続けてもいいスキルである。それぞれの人生の異なる状況について、また、日常生活の細々としたことや、一緒に生きることについて、お互いに交渉するスキルが必要である。どんな関係にも困難はあり、喧嘩も起きる。大事なのは、謝ることと許すこと、なぜ喧嘩になったのか、何が原因なのか、共に明らかにすること。口論をどう建設的に解決するかを考えるのも良い」

いじめの問題でも同様だが、愛すること、共に生きることなどの人間関係は、学ぶことのできるスキルとして捉えられていて啓蒙主義的である。

「ロマンチックな愛」は、イラスト付きで次のようなことが書かれている。

「ロマンチックな愛は、一緒にいること、パートナーであること、平等な関係であることから成る」

「ロマンチックな愛は、親しいこと、愛情を示すこと、日常の小さな驚きから成る」

「ロマンチックな愛は、相手がいない時でも、人を開花させ、人生の素晴らしさを感じさせる」

「性的に健康な大人の関係は、こうした事を基盤とする」というコラムは、次のような箇条書きである。

・関係のあり方が、共通の理解に基づいている（交際する、時々会う、たまに会うなど）。

・どちらからも奪うものがない（平等で、双方が考慮されている）。
・誠意がある。嘘をついたり、騙したり、不誠実だったりしない。
・双方に、心地よさをもたらす。
・セックスを伴う場合は、性病と望まない妊娠を避ける。

性暴力とは何か、起きた時の対処策

「性暴力と知人による暴力」という章は、性暴力を次のように説明している。

「性暴力は、自分の意思に反して起こる性的な行為である。例えば、性的なほのめかし、中傷、触ること、誘導すること、圧力をかけること、強制すること等で、対面で、或いは携帯やインターネットなどを通じて起きる。それを我慢したり、受け入れたり、それに従ったりする必要はない。中学2年生の男子の5分の1、女子の4分の1が、こうしたことを経験している」

「性暴力の加害者と被害者」では、次のように述べる。

「性暴力は、知り合いから受けるケースが多い。隣人、交際相手、同級生、友人、親戚、新しい知り合い。加害者が知人であり、時には愛する人であるということが、他人にそれを話しにくくし、時には恥ずかしいとさえ思わせてしまう。被害者は、たまたま起きてしまっただけだとか、誤解だったとか、自分が悪かったとか考えてしまう。起きた事を忘れ、まるで何もなかったかのように思いたくなる」

「もし、被害にあった場合は、一人にならず助けを求めなさい」

「薬物を使って眠らされ、抵抗力をなくした人に対する性的侵害は、犯罪である。たとえば、触ること、写真を撮ることは禁止されている」

「外見から、性暴力をふるう人を見分けることはできない。美貌、裕福、人気者、頭脳明晰、若い人かもしれない。(略) 性暴力は、表に出にくい犯罪である。警察に通報されるのは、実際の行為のごく一部にすぎない。行為について警察に通報したくない、する勇気がない、できない等と感じやすい。それは、若い人にとって性暴力が理解を超える経験で、それが犯罪であると理解していないからである」

性暴力が起きた時の対処として、次のような具体策が示されている。

「信頼できる人に話す。助けを求める。一人で抱え込まない。警察に通報する。72時間以内に起きた場合はシャワーを浴びたり、服を着替えたりしない。着替えた場合は、警察の捜査のために洗濯しないでおく」

さらに、情報を得たり、支援を受けたりできる機関の連絡先が掲載されている。

どう生きるかは、自分が決める

2010年に発行された、高校2年生の保健の教科書『ハロー！ 若者、健康、日常生活』は19の章から成り、「パートナーの関係から家族へ」「親になること」「権力とお金が性を歪める」「セクシュアル・ヘルス」という4つの章が、性に関することを扱っている。

「パートナーの関係から家族へ」は、「恋することの目眩く幸福感」から始まる。医学的には、激しい恋は脳とホルモンの働きによる現象で、半年から2年間続くのが一般的だという。その後は、次の恋を求める人、関係の変化を受け入れ、持続していく人など様々である。恋することではなく、愛することと2人の関係を維持していくスキルについて説明している。

続く「様々な家族」の項は、

「家族は、すべての人が同意するように定義するのがむずかしい概念である。（略）2人のしっかりした結びつきを家族と考える人もいるし、子どもができて家族になると考える人もいる。祖父母やペットを家族に加えることもある。互いに依存し合い、影響し合うのが家族とする考えもある。家族は、文化と時代に強く規定される概念である」「フィンランドでは、父母とその子どもから成る核家族が一般的なモデルであるが、最近は、他の家族モデルも増加している」とし、シングルペアレントの家庭、ニュー・ファミリー、レインボー・ファミリーを挙げる。

シングルペアレントは、ひとり親。ニュー・ファミリーは、再婚した両親、又はどちらかが子連れの家族、レインボー・ファミリーは、両親が同性の家庭である。そして、「最近、家族モデルは多様化しており、自分にふさわしい形に家族を作ることができる。唯一正しいパートナーの関係と家族があるわけではない」としている。

家族は、近代国家の形成と結び付けられてきた。フィンランドでも、親密な男女の愛によって形成される核家族は、近代国家の重要な単位と考えられてきた。しかし、現在は、現実の変化の力の方が強くなって、近代国家のイデオロギーを押し返しているようだ。実際、私の周りにもこうした家族は普通にいる。また、結婚していない事実婚も多い。どう生きるかは、自分が決めることだ。それは、人の持つ基本的な権利である。

フィンランドでは1930年から86年まで、婚姻法によって女性が夫の姓になった。

しかし、現在、結婚によって、どちらかの姓を強制されることはない。そもそも、15歳になると両親の許可を得て、名字も名前も変えることができる。18歳になれば、自分の名前を何にするかを決めるのは、当然自分である。

また、戸籍はなく、入籍という考えもない。

権力とお金が性を歪める

「権力とお金が性を歪める」という章がある。それは、「すべての人には、性に関する自己決定権を持つ。それは、自分の感情と身体を尊重し、性的な境界を自分で決めることである。また、他人の性的権利も尊重しなければならない」で始まる。性的な権利と義務である。

続けて、ふざける、戯れ合うこととセクハラの違いを説明する。「前者は、深刻に受け止めるものではなく、雰囲気を和らげることもありうる。しかし、どちらかが、不快感や強制、支配し、従属させようとするものを感じたら、それはセクハラである。ただし、その境界線を引くのは、むずかしいことがある」

フィンランドでは、約5分の1のオフィスワーカーが、職場でセクハラを経験しているという。仕事上、不利になるのではないかという不安などがあるため、上司によるセクハラは、同僚や部下によるものより対処がむずかしい。

また、「強姦《ごうかん》は人間性に対する犯罪である」という小見出しで、性暴力、性的搾取、強姦について述べる。性暴力は「精神的圧力圧迫や物理的な力によって、意思に反した性的行為を強制することである。たとえば、ポルノを見せる、嫌なのに触る、性交を無理強いすること」としている。

続けて「合意のないすべてのセックスは、常に暴力である。状況にかかわらず、人にはセックスを拒否する権利がある。薬物や障がいのために、自分の意思を表せなかったり、自己決定権を守れなかったりした場合の性行為は、刑法で性的搾取になる」

強姦は女性も男性も被害者になりうるが、加害者の80％は男性、80％のケースで、加害者は知り合いである。被害者は、しばしば強姦されたことを恥じ、自分を責めてしまう。また加害者は、その心理を利用して被害者を責める傾向があることなどが書かれている。ここでも、「自分の身体の権利が奪われること」という権利の問題として説明されている。フィンランドでは、１９９４年の法律改正で、婚姻関係にあるカップルの強姦も犯罪になった。

教科書には、性暴力被害にあった時の対処の仕方と、支援を受けられる機関名が挙げられている。また、最近警察への通報が増えたのは、被害者の権利に関する知識が増えたことと、通報することへの心理的負担が小さくなったからだとしている。

性教育は70年代から

フィンランドで、現在のような性教育がされるようになったのは、70年代以降である。北欧では、60年代後期から70年代に「性革命」が起きた。より広い欧米世界での運動と連動するものである。キリスト教の影響から、中流、上流階級では性の規範が厳格で、セクシュアリティに対して否定的な態度が取られてきた。現在、日本で提唱する人もいる「純潔教育」や、結婚まで性的交渉は持たないのが良いという考えは、キリスト教のものである。その批判、反動が60年代から70年代に、「性の解放」を求める大きな社会運動になったのである。

フィンランドの学校での性教育も、そうした運動に連動するものである。しかし、70年代の性教育では、まだ妊娠や性病などのリスクを強調する傾向があったという。そうした不安や恐れを引き起こすような教育が批判され、公正な知識と科学的根拠、個人の権利とウェルビーイングに基づく性教育が次第に普及していった。フィンランドで、中絶が合法化されたのは1950年である。

1980年代は、エイズが同性愛による性病とされ、世界的にセンセーショナルに報道された。フィンランドで同性愛が合法化されたのは、1981年である。19世紀後期以降、同性愛は犯罪、病気と見なされていた。最近は、世界的にLGBTの運動の高まりがあり、それがフィンランドの性教育にも影響を与えていることは、上記の教科書から見て取れる。性教育は、社会的変化に対応するべきものだろう。

フィンランドでは、2014年に同性婚を合法化する法案が可決されたが、保守派からの異議申し立てがあり、施行されたのは2017年である。

第五章　フィンランドはこうして「考える力」を育てている

学習する義務はあるが、学校に行く義務はない

日本の教育義務は、学校に行く義務である。日本では、２０１６年に教育機会確保法が成立し、「不登校というだけで問題行動であると受け取られないよう配慮すること」などが盛り込まれた。しかし、「不登校児童生徒への支援」を目的とするものであり、子どもには依然として学校に行く義務がある。登校という規範からはずれる、「不」登校というネガティブな位置付けである。また、登校は、学校を上位に、家を下位に置く言葉で、不登校にはお上に逆らうようなニュアンスがある。日本には約14万人の不登校児童がいると言われ、ＮＰＯなどによるさまざまな活動が行われている。

フィンランドには学習義務はあるが、学校に行く義務はない。教育庁は、ホームページで次のように説明している。

フィンランドは、学校を強制していない。学習義務は、学習義務の学習量に相当する知識とスキルを得ることで、それは学校に行く以外の方法で満たすことができる。学校に行かないことに関して、行政からの許可は不要である。保護者が決定し、その後は、学習義務についての責任を持つ。教科書や他の教材を買う等の責任は、保護者に移行する。無償の教科書、教材、道具、給食、健康に関するケア、通学援助、その他、学校に通う児童生徒が受けられる特典はなくなる。ただし、地方自治体が教科書を与えたり、他のサービスを提供することはできる。学習義務の履行は、保護者の責任になる。

学校に行かない場合は、自治体の児童生徒として登録されないが、居住する地方自治体が、学習の状況を監督する。一般的には、自治体が教師を任命し、学習の進捗状況を評価する。その教師は、保護者と具体的な事柄について話しあい、情報を与える。小中学校での学習量、目的を考慮に入れて進捗状況を監督し、フォローする。頻度について、法的な規定はない。普通、1年か2年に一度である。

学習の進捗状況は、会話、筆記・口頭によるテスト、実技、作品を集めたポートフォリオ等で見る。自然の中、実験室、運動場などで見る事も出来る。その後、先生は書類を作り、地方自治体と保護者に送る。

保護者が、小中学校卒業修了書のような証明を希望する場合は、教育計画が規定する目標を考慮に入れて評価し、証明書を出す。

ホームスクールという選択

ホームスクールを選ぶ理由は、様々である。2018年5月に、保護者組織である「親達の同盟」にインタビューしたところでは、教育方針や哲学が合わない、学校の教育は画一的すぎる、家庭と学校の間に何か問題がある、天才的な才能がある子どもで、学校に向かない、外国勤務の間、子どもは家で勉強する、或いは、他のさまざまな理由から、学校に行かないケースがあるとのことだった。宗教的理由の場合もある。フィンランドの教育は反キリスト教的だと考える保護者、学校の教育とは相容れない信条を持つ保護者もいる。

2018年、ヘルシンキに隣接するヴァンター市では、2万2000人の小中学生のうち29人がホームスクールで学んでいるという。また、全国的には、約300人がホームスクールやネットで学んでいるという。それほど多くはないと言えるだろう。「ネッ

ト の学校」は複数ある。一定期間だけの利用のこともあるし、小中学校は基本的に9年間なので、ネットの学校の状況は、やや流動的なようだ。

普通高校と職業学校

「息子は、音楽ラインを希望しています。ギターが好きで弾いているけど、ユーチューブを見て自己流にやっているんです。大丈夫でしょうか」

「ギターですか。いいですね。実技のテストがあるので、弾いてもらいます」

「音楽ラインに入るのは、難しいですか。もし、入れなかったら、どうなるのでしょう」

「音楽ラインと普通ライン、両方志望するのがいいですよ。もし、音楽の方がダメでも、普通の方に入れることがありますから。息子さんに、高校でお会いしたいです」


にこやかな女性の先生だった。息子が中学3年の時に、進学の説明会があった。説明会の後、高校の先生の所に行って質問した時のことである。息子の進学について先生と話をしたのは、後にも先にもこの時だけである。私は、息子の学校や勉強のことには、あまり関わらずに来たと思う。教育に熱心とはいえない母親だった。

私が、そうなったのには、2つ理由がある。1つは、フィンランドでは、我が子であっても干渉しないという風潮から受けた影響である。子どもには、自分の考えや感じ方があるので、思ったように自分の人生を生きて行くのがいいと思う。

もう1つの理由は、私の母が、子どもに対して強い支配欲を持っていたことの反動である。

「あたしは、あんたのためにこんなにしてるんだよ。自分のことはなんにもしてないよ。どんなに、あたしが我慢してるか」

「あたしにできなかった事を、あんたにして欲しい」

「お兄ちゃんはできるけど、あんたはダメだね」

「どうして、お友達の○○ちゃんみたいにしないの」

こうした言葉を吐き続ける人であった。こういう実母に苦しめられて、私はまったく違うタイプの母親になったと思う。

息子は、ヘルシンキ近郊の市立高校の音楽ラインに入学した。音楽ラインというのは、音楽科というほど専門的ではないが、音楽の時間が多いクラスである。この高校には、音楽、絵画、メディア・アート、数学、自然科学、ダンス、スポーツラインがあった。

それぞれ約20人のクラスで、その他が普通ラインである。

人口3万8000人の市の唯一の高校で、1000人近い生徒が在学する。フィンランドでは、規模の大きい高校である。入学試験はなく、中学での成績を数字化したものと志望先をベースに決められる。もし、この高校に入れなかった場合は、市外の高校に行くことになるが、希望通り入学することができた。

息子は、サッカーやテニス、ロック・ミュージックが好きだった。ギターも好きで、中学の時、アコースティック・ギターを買った。習いに行けばと勧めたが、ユーチューブで独学。自分の演奏をユーチューブにアップしたりしていた。高校入学のお祝いにエレキギターとアンプをプレゼントしたら、両方弾くようになった。

上述した進学説明会では、最初に職業学校に関する説明があり、続いて普通の高校の説明という順番だった。職業学校の説明会の後、帰宅した親はたくさんいた。普通高校への進学は考えていないのだろう。無用な進学熱はなく、子どもを勉強に追い立てない。

フィンランドでは、高校進学時に、普通高校と職業学校に分かれ、約40％が職業学校に進学すると言われる。職業学校は3年間で、テクノロジー、コミュニケーション、交通、ソーシャル・サービス、医療、調理、スポーツなど100以上のプログラムがある。

職業学校卒業後は、進学せず仕事に就くのが普通のようだ。

高校の時間割は自分で作る

息子の高校で、秋学期は2つのピリオド、春学期は3つのピリオドに分けられていた。1つのピリオドで、最低5コース取る。最高8コースまで取れる。1つのコースは、週に3回授業があり、1回の授業時間は1時間半である。

時間割は自分で作る。学習指導を専門にしている先生がいて、どのクラスをいつ取るか等、相談にのってくれる。授業時間は少なく、毎日、家を出る時間はまちまちだった。ピリオドによっては、朝8時から4時まで授業がある日が、週に1日程度あるが、朝10時頃家を出る日もあれば、午後になって出る日もある。月曜から金曜の朝から夕方までぎっしりの時間割ではなく、半分は空いているような感じだった。

音楽ラインでは、音楽の歴史、理論、様々な音楽のスタイル、音楽とコミュニケーション、異なる編成での演奏、簡単な作曲の仕方などを教わった。学内のイベントで、1年に4回位演奏していたという。

外国語は、英語とスウェーデン語が必修、選択科目としてスペイン語、ドイツ語、イタリア語、ラテン語、中国語があった。息子は、音楽のクラスが多かったので、選択外国語はとらなかった。

高校も職業学校も、授業料と給食は無料だが、教科書は購入する。教科書は、科目によって新品または、古本を買った。保護者組織である「親達の同盟」が市民イニシアチブの運動として、高校と職業学校での教材の無償化を求めている。

高校は、3階建ての建物で最上階まで吹き抜けになっている。パソコンやソファがあちこちに配置されており、居心地がいい。時間割は各人それぞれ異なり、ホームルームになる教室がないので、大きな荷物はロッカーにしまって、授業ごとに教室移動をする。ホームルームがあった方が落ち着くという意見も聞いた。息子は自転車で通学していたが、スクーター、バイク、軽四輪車、18歳で免許証をとって車で来る生徒など様々である。

フィンランドの教育では、何事に関しても自分から行動を起こす、アクティブな市民であることが奨励される。ソーシャル・スタディーズのクラスの一環として、高校に国会議員を招き、議員としての仕事や、いかに影響を及ぼすかについての話を聞き、ディスカッションすることなども行われている。

2012年の大統領選挙の前に、各党の候補者全員が息子の高校を訪れて、討論会が開かれた。その様子は、「大統領テスト」として、テレビ中継された。大統領として誰が最もふさわしいかを、高校生がチェックするという意味である。質問セッションでは、生徒による質問と候補者の応答があった。

息子と同学年で、卒業後すぐ社会民主党の審議委員になった青年がいる。その後、社会民主党青年の議長、市の審議委員長を務めていた。次は、国会議員をめざすという、野心的な青年である。

舞踏会とパレード

フィンランドの学校では、学校行事は少ないが、高校になるといくつかある。一つは、2年生の時の舞踏会で、「年長者のダンス」と呼ばれている。2月のイベントで、寒い季節が華やぐ。ダンスは、ワルツ、ポルカ、フォークダンス、創作ダンスなど様々なジャンルのもので、数ケ月前から練習した成果の披露になる。

女生徒は、さまざまな色で、胸と背中を大きく開けたデコルテのイブニングドレスが多いが、ルネサンス風の衣装の人もいた。ドレスは、レンタルや購入、自分で縫うなどさまざまである。ドレスやお化粧、ネイル、ヘアなど、かなりの出費になる。男子生徒は、タキシードやスーツである。踊る相手は、交際しているカップルのこともあるし、特にそういうわけではないこともある。女性同士のカップルもいた。場所は学校の体育館で、それは少し無粋なのだが、舞い踊る若い美男美女の群れにはうっとりした。

もう一つの行事は、卒業を前にした3年生が、コスプレのように思い思いの衣装を身につけ、トラックの荷台に分乗、街中を行進しながら、道で見物する人達に向かってキャンディをばらまくパレードである。近くの小中学校に、日にちと時間、ルートを連絡。子ども達は、道で待ちかまえていて、キャンディを競い合って拾うのを楽しみにしている。これも、まだ寒い時期の楽しい催しである。息子は、80年代のディスコ風スーツにサングラスだった。昔、夫が買って、捨てずに持っていた白いスーツである。

全国一律ではない高校の卒業試験

高校卒業試験は、それまでの学習の成果を測るものとして、重要である。唯一の全国的なテストだが、全国一律テストではない。卒業する年の春、試験を受けることが多いが、試験は春と秋、年に2度行われ、3回まで受けることができる。受ける科目と科目数も、自分で決めるので一律ではない。最低4科目で、普通7科目位までが多いようだ。野心的で10科目以上受ける生徒も稀にはいるという。

必修科目は、フィンランド語、英語、スウェーデン語または「短い数学」のどちらかの3科目である。「短い数学」は、恐らく、日本の数学Ⅱ位のレベルではないかと思われる。

息子は、フィンランド語、英語、「短い数学」、生物、物理の5科目を受けた。2012年のことで、当時は、紙と鉛筆での回答だった。2016年から段階的にデジタル化されており、2018年は半数がパソコンで回答、2019年春には全部がデジタル化された。

2018年の春の試験は、3月中旬から下旬の2週間、月水金が試験日だった。選択式ではなく、記述式である。

科目は、語学がフィンランド語、スウェーデン語、英語、フランス語、スペイン語、ポルトガル語、イタリア語、ドイツ語、ロシア語、サーミ語、ラテン語である。学科は、ソーシャル・スタディーズ、化学、地理学、保健、心理学、哲学、歴史、物理学、生物学、数学、宗教、人生観の知識、である。

少し、試験問題をのぞいてみよう。たとえば「人生観の知識」の問題は、1部と2部から成り、1部で6つ、2部で3つの問題が出されている。計9つの質問の中から5つに答える。「民主主義とメディア」という問題は、イギリスのブレグジットとメディアの役割に関するもので、BBCのニュースクリップが付く。また、「文化を分別すること」という問題では、パレスチナ出身の研究者エドワード・サイードの著書『オリエンタリズム』とサイードの2003年のスピーチを引用して、質問が出されている。

息抜きやエネルギー補給のために、飲食物の持ち込み可なので、ジュースや清涼飲料水、サンドイッチなどを机の上に置いている生徒も多い。

試験の成績は、ラテン語での評価になる。7段階での評価で、上からラウダトゥーリ、エクシミア・クムラウデなど、格調高い響きの名前である。それを点数に換算、志望する大学などは、それを元に選考を行う。ラテン語での成績評価は、大学の学士論文と修士論文でも同じである。学業が、ヨーロッパ的知の系譜に位置づけられていることを示していて、興味深い。2018年5月は、8つの科目の試験を受け、すべてで最高位のラウダトゥーリを得た生徒がいたことが、ニュースで報じられた。この試験は、社会的関心も高い。

全国的な試験ではあるが、一律試験ではなく、年に2度行われ、3回まで受けられ、科目と科目数も自分で決めるという試験のあり方も、日本とは異なる。

高校卒業は一大イベント

高校にも入学式はないが、卒業式は大きなイベントであり、親も招かれる。また、高校卒業は、大学入学より大事な出来事であり、親が親戚や友人、時には先生も招いて大きなパーティを開く。卒業式のために、白いカバーをかけた学帽を購入する。卒業式には、それをかぶって出席。毎年5月1日のメーデーに、それをかぶって町に繰り出し、シャンペンを飲んで騒ぐ。白いカバーは黄ばんでくるが、帽子は、一生大事にとっておくことが多い。歴史的に白いカバーをつけた学帽は、高校卒業の印であり、労働者階級ではないエリートのシンボルだった。しかし、格差を縮める教育がなされていることもあり、最近は、学帽＝エリートのシンボルではなくなって来ている。職業学校卒業の時も同一ではないが、類似のカバーをつけた学帽をかぶる人も見かけるようになった。18歳で成人し、親元を離れて自立する人も多い。高校卒業と職業学校卒業は、人生の門出となる出来事である。大学入学は、それに比べると小さな出来事で、お祝いのパーティも特にない。

全国の高校卒業者の名前は、以前はタブロイド新聞に、現在はネット上にも掲載される。それは、誇らしく嬉しいことで、親や祖父母、親戚などがそれを買って長く保存したりする。我が家でも購入、保存している。

大学と応用科学大学

息子が入ったのは、応用科学大学（ポリテクニック）である。応用科学大学は、ヨーロッパやアメリカにある教育機関で、普通の大学がより学問的、理論的なことを学ぶのに対し、より実際的、実学的なことを学ぶ。また、大学は、修士を取ることが目的であり、希望すればさらに博士も取れるが、応用科学大学では学士が最終学位である。修士以上の学位を取りたい場合は、卒業後、普通の大学に行って取る必要がある。後述するように、大学では必要な単位は取っても、働いているなどの理由で、修士論文がなかなか書けず、何年もかかってしまうことが多い。応用科学大学には4年で卒業できるシステムがある。フィンランドでは、約50%が応用科学大学に進学するといわれる。

入学先は、高校卒業試験の成績と本人の志望に基づいて決まる。ただし、医学部入学はむずかしい。スタディ・グループを作って勉強する人もいる。息子は、化学系の進路希望で、エンジニアになりたいと思っていた。

息子は、高校卒業後、約1年間兵役に行った後、親元を離れ、学生生活を始めた。フィンランドでは、子どもは20歳前後に親元から巣立って行くことが多く、結婚するまで親と同居するケースは少ない。子どもが巣立って行った時、親が感じる一抹の寂しさを指す「空っぽの巣」という表現がある。いつの間にか、こんなに成長したんだなあと感慨深かった。

親の経済力に関係なく高等教育が受けられる理由

高等教育の授業料は無料である。さらに、国が、学生に給付型奨学金と学習ローン、家賃補助を出す。この3つをまとめて「学習支援」と呼ぶ。学習支援の対象になるのは17歳以上のフィンランド市民である。高校、職業学校、応用科学大学、大学に行く場合が主だが、成人で小中学校の教育を受ける場合なども、得ることができる。学習支援を得るには、学業が適正に進んでいることが条件となる。1年のうち、授業がある9ヶ月支給され、3ヶ月の夏休み期間中は止まる。だから、息子は、夏休みはアルバイトで自活していた。

息子のケースだが、最初の3年半は月額で、給付型奨学金約330ユーロ（4万2900円）、学習ローン約400ユーロ（5万2000円）、家賃補助200ユーロ（2万6000円）を得ていた。合計12万900円である。息子は、学生寮に1年、民間の賃貸住居に3年住んだ。学生寮の家賃は月440ユーロ（5万7200円）、民間は500ユーロ強（6万5000円強）である。家賃を払うと、生活費が手元に残った。

家賃補助の額は、居住する場所によって違う。ヘルシンキは家賃が高いので、補助も多くなる。アルバイトなどの収入がある場合、減額され、もらえなくなることもある。2017年から、家賃補助は学生に向けたものではなく、低所得者向け住宅手当に統合された。学生寮では必要ないが、民間の住居では、1ヶ月の部屋代に相当する金額を余分に入居時に払う必要があるが、退出する時に返却される。民間の住居で部屋を借りる時、保証人は不要である。

給付型奨学金は、

1　未成年の子どもがいる

2　結婚している
3　18歳以上で親元から離れて住んでいる
4　17歳で親元から離れて住んでいる
5　20歳以上で親元に住んでいる
6　17歳から19歳で親元に住んでいる

という6つのカテゴリーがある。最初の3つのカテゴリーでは、親の年収によって支給額は変わらないが、最後の3つでは、親の年収で支給額が変わってくる。

学習ローンは、国が保証人になるので、親や親類などの保証人は不要である。貸付期間は、最高30年間である。ローンの額には、上限があり、毎月いくら借りるかは、自分で決める。社会保険庁に申請し、勉学状況などのチェックを経て、銀行が支払う。息子は、1年に2度、秋学期と春学期が始まる9月と1月にまとめてもらっていた。毎月の振り込みにすると、手数料がその都度20ユーロ（2600円）かかるからである。給付型奨学金の方は、毎月自動的に口座に振り込まれた。

18歳以上で、親元から離れて暮している場合、給付型奨学金と学習ローンに親の年収は、関係ない。ただし、同居して家計を共にしている人がいる場合、同居人の収入が考慮に入れられる。従来、恐らく人口政策の観点からと思われるが、2人で住む方が安くなるポリシーだった。しかし、2017年の改正で、そうではなくなったという。息子は、結婚はしていないが、オープン・ユニオンと呼ばれる事実婚をしている。

奨学金と学習ローンの額は、在学中にアルバイトや仕事をして収入を得ると、その額によって減額、或いは停止される。息子は、卒業半年前頃から専攻に関係する会社で働き始め、収入が比較的良かったため停止になった。

2017年に、学習ローンと給付型奨学金の制度が変わり、月額で学習ローンが最高で650ユーロ（8万4500円）に増額され、給付型奨学金は250ユーロ（3万2500円）に減額された。これに反対して、各地で学生デモが起きたが、実施された。家賃補助は、そのまま据え置きである。

このように、親の経済力に関係なく、学びたいと思うすべての人が学べるシステムがある。金額などに不満を持つ人もいるが、経済的理由で学べないということがないよう、格差是正の努力を国がしている。借金を作りたくないため、学習ローンは利用せず、働きながら学ぶ人はいる。親にとっては、子どもの高等教育への出費がゼロのシステムであり、経済的、精神的にとても楽である。18歳で成人して自立するので、親は子どものことに関わらないという考え方でもあるが、小学校の時から教育費はゼロなので、その延長でもある。学費と生活費に関する経済的な事柄は、息子は全て自分で手続きをし、お金を得ていた。私は、「へえ、そうなの」と話は聞いていたが、何もする必要がなかった。

無理がない学習ローンの返済

息子が抱えるローンの総額は、利息込みで1万8000ユーロ（234万円）位だという。国が出すお金を銀行が仲介するローンで、利息は0・5%から1%位である。それほど巨額ではない。返済は、卒業後すぐに払いはじめてもいいが、すぐ仕事が見つからない、見つかっても収入が少ないなどの場合は、2年後からの返済になる。8年を目途に返済を終えるのが、一般的なスケジュールだという。息子は、月200ユーロ（2万6000円）を8年間で返済する予定でいて、それほど大変ではないとのことである。

この学習ローンは、卒業までに目標とされる勉学期間プラス2年以内に学業を修了すると、税額控除の対象になる。たとえば、4年で卒業することが奨励されている場合は、

6年以内に卒業すれば、税額控除されることになる。

18歳で成人し、その後経済的にも自立、自分でお金のやりくりを学んでいく。それは親や家族とは別の自立した存在になることでもある。たとえば、何か事件を起こしたとしても、親や家族にマスコミが殺到したり、説明を求めたり、非難の口調で報道したりすることは、フィンランドでは起こらない。

現在、日本では貧困化が進んでいて、6人に1人は貧困といわれる（2012年・厚生労働省基礎調査・所得122万円以下が16・1％）。経済格差に加えて、大きな地方格差もある。親の収入が伸びない一方で、大学の授業料は値上がりしており、経済的理由で、進学を諦めざるを得ない若い人達がいる。奨学金を借りるためには、保証人が必要で、親や親類が保証人になっている場合は、返済の義務が移行する。支払いに苦しんだり、破産が連鎖したりしていくケースも多い。2016年度までの5年間で延べ1万5000人が自己破産したという。

日本は、教育の公的負担が少ない。2018年のOECDの調査で、加盟国中の公的支出は最下位である。国の経済支援は整っていない。国は教育に責任を持たず、親が責任を持つという考えである。多くの親は、子どもが小さい時から学資保険に入るなどして、高い教育費に備えるしかない。

大学の仕組み

フィンランドの大学は、日本の大学とはとても違う。まず、輪郭が明確ではない。緩やかな制度である。学生と社会人という二分化された概念がない。何年で卒業するのかも、あまり明確ではないし、1年生、2年生、3年生、4年生という概念もない。1年生で取る授業、2年生で取る授業といった分類もない。また、日本のような「卒業」という概念が希薄である。一斉卒業ではなく、必要な単位を取り、論文が認められると卒業ということになる。

また、必ずしもキャンパスとして門があったり、壁で囲まれていたりするわけでもなく、街中に他の建物に混ざって大学の建物がある。ただし、それはフィンランドに限ったことではなく、他のヨーロッパ諸国などでも見られる。

大学は、すべて国立である。授業料は、外国人にも無料だったが、2017年からEU圏外からの学生は有料になった。全ての人に対する教育無償の考えは深く浸透しており、授業料徴収には反対意見が多かったが、長年にわたる議論の末、決まった。

教員数と授業数が少ないのも特徴である。基本的に一つの学科に教授一人、講師一人程度である。授業料をとらないので、予算不足も理由の一つだろう。非常勤講師もいるが、2016年に全国で大学予算の大幅カットがあり、厳しい状況である。EU内の交換留学システムや、その他様々な国際的な留学制度があり、フィンランド国内の大学の授業数の少なさを補っている。

しかし、小学校の時から授業量は日本の半分と言われており、その文脈で考えると、大学の授業量が特に少ないとは言えないかもしれない。高校までに、いかに学ぶかを学ぶ。大学は、先生に教えてもらう場ではなく、自立して自主的に学ぶ場である。しかし、現実的には、皆が自立して自主的に学べるわけではなく、授業は必要である。また、指導も必要なので、指導が少ないという不満は慢性的にある。

フィンランドの大学は、長らく修士を取るところだったが、2000年代初め頃から、学士も出すようになった。修士をとるための年数がかかりすぎていたことと、諸外国では学士も正当な学位であることが理由である。フィンランドでは、卒業に必要な単位はとっても、働いている、子どもがいる等の理由で、修士論文が長びくケースが多い。学士を出し始めた頃から、目安として、修士をとるまでの年数は、8年程度が推奨されるようになった。

大学は、修士取得前と取得後に分けられ、修士までのクラスは、初級、中級、上級のような3段階に分けられている。上級が修士レベルとされているが、教員数・授業数が少ないため、重複していることも多く、カリキュラムとして明確に分別されているとは言い難い。

修士以降の段階が、日本の大学院に相当するが、それは日本でいう博士課程とは異なる。一番大きな違いは、授業がまったくないことである。言い換えると、フィンランドには、大学院は存在しないとも言えるだろう。修士取得後、授業はなく、自主的なインディペンデント・スタディーズの連続で単位を取り、博士論文を書くことが目的になる。指導教授はいるが、自立した独学者ということだろう。

博士号のために必要な単位の取り方は、たとえば研究課題と関連した国際的なカンファレンス（学術的会議や研究会）を聞きにいき、そこでの討論をノートに取って提出して、1科目分の単位を得ることもある。また、教員が助成金を取り、得た金額によっては外国からも教授を招いて、2週間程度のカンファレンスと論文指導を行い、それに参加して単位を取ることもある。

博士論文は、奨学金や研究助成金を得て書くのが普通である。フィンランド・アカデミーや、その他の財団が多数あり、応募する。助成金を得ると、学部に部屋をもらい、大学に自分の研究のためのスペースを得る。4、5年のポジションを確保することもあるが、助成金の期間は様々で半年程度のものもある。全ての人が奨学金を得られる訳ではないので、他に仕事をしながら博士論文を書く人もいる。

日本では、授業に出て単位を取るが、博士論文は書かない「単位取得退学」というケースが多い。フィンランドはその逆で、授業はなく博士論文を書くことが目的になる。これには、博士論文を書くことが、知を生産する方法として重要だったという歴史的経緯がある。フィンランドで最初に博士論文が書かれたのは、1642年である。現在も、一般的に関心のありそうなテーマの場合、こんな博士論文が出た、ということがニュースとして報道されることはよくある。

博士論文に20年以上かけ、提出が40代後半というケースは、最近までよくあった。しかし、2000年代頃から、博士論文はライフワークである必要はない、5～6年程度で書くのが良いという方向に変化している。

博士号の取得は、高校卒業に次ぐ大きなことであり、取得者は盛大なパーティを開く習慣がある。費用は自分持ちで、100人位招いて食事が饗される。フィンランドでは珍しい高価なイベントで、そのために貯金する人もいる。

修士と博士の間には、リセンシエイト（lisensiaatti）という学位もある。最近、これを取る人は減っているが、博士を取るまでに長くかかる場合、中間報告のような形でリセンシエイト論文として、研究成果を発表することがある。或いは、博士は断念して、リセンシエイトを最終学位にするケースもある。

付け加えると、ドーセント（dosentti）というシステムがある。ヨーロッパの大学にあるシステムで、国によって異なる。フィンランドの場合、その取得には、博士論文2つに相当する業績が必要とされる。博士と教授の間のような位置づけで、終身の称号である。教授を退職した後、ドーセントと名乗る人もいる。アメリカで、ドーセントは美術館のガイドのことなので、やや紛らわしい名称ではある。

日本の有名大学を卒業したのに、学士なので、フィンランドでは学歴が低いと見られてしまうという話は何度か聞いた。フィンランドでは、大学は基本的に修士を取る場所なので、学士、修士、博士と並べれば、学士は最低の学位である。日本で有名大学を卒業したから、高学歴ということにはならない。日本は、学歴社会というより、学名社会である。

２０１６年に、教育文化省による大規模な大学組織再編成と予算の大幅なカットがあった。ヘルシンキ大学では、教職員数百人が解雇されている。

フィンランドの大学は、非正規の雇用が多い。とても優れた研究者でも、一度も正規のポジションにつかなかった人も少なくない。プロジェクトで研究助成金を得たり、非正規のポジションを繋いだりしていくケースは普通である。

学生も大学の運営に参加

フィンランドの大学で興味深いのは、大学での決定に学生も参加していることだ。英語ではファカルティ・カウンシル（Tiedekuntaneuvosto）と呼ばれる組織があり、そのメンバーは、教授、講師やポストドクトラル、学生の３つのレベルから成る。学生の割合は、普通３分の１から４分の１である。ファカルティは、アメリカの大学で、スクール・オブ・アーツと呼ばれるような、いくつかの学部をまとめた、学部の上部組織である。ファカルティ・カウンシルは、それを代表する役員の組織である。その会議にかけられるのは、研究、教育、さまざまな計画、人事、予算に関するものなど幅広い。フィンランドの大学では、学生もメンバーとして、議題にかけられる事項の決定に参加している。アメリカの大学では、こうした組織に学生は入っていない。

フィンランドのシステムは、小学校の時から、参加し、自分に関する事柄の決定に意見を言うことができるというシステムの延長のようにも見えるが、実際は逆で、大学で学生が決定に参加していた方が古い。ただし、２０１０年代になって、ファカルティ長の権限が大きくなっている。

フィンランドの大学にサークル活動はないが、学生組織があって社会的、経済的、政治的、文化的活動を行っている。ヘルシンキの中心には、ヘルシンキ大学の学生組織の立派な建物がある。１８７０年に建てられた建築で、現在はホール、コンサートホール、カフェなどがあり、色々な催しにも使われる。高校を卒業したことが、非常なエリートだった時代、ここに大学で学ぶ人達が集って文学、芸術、政治などについて議論を交わした。今日の市民活動にもつながる系譜が感じられ、興味深い。

どうやって仕事をみつけるのか

フィンランドに、一斉卒業と一斉就職はない。必要な単位を取り、論文を書けば、卒業自体はいつでもできる。大学は、卒業式を年に一回程度行うので、行きたい人は行く。大学では、進路指導や就職活動の仲介などはない。就職活動解禁や内定などのシステムもなく、要員が出た時に会社が募集、それに応募する。在学中から、ダークスーツ姿で就職活動に追われる学生はいない。卒業後どうするかは、学生が自分で考える。応用科学大学では、学生にインターンの仕事などを紹介しているようだ。

息子は、応用科学大学の卒業半年前頃に必要な単位数を取り、学士論文を残すだけになった。その頃、専攻分野に近い会社を見つけて応募、仕事を得た。その仕事は正社員ではなく、約半年ごとに契約、お互いに様子を見て、また契約するというシステムである。非正規労働だが、特に若い時、こうした労働形態は多い。フィンランドでは、最初から正規の仕事というケースは少ない。こうした働き方で、色々な経験をしながら、正規の仕事を見つけて行けば良いという考え方が一般的である。失業保険や住宅手当などセーフティネットが整っていて、必要ならば、そうしたサービスを利用しながら職探しをして行くことになる。

息子の場合、仕事に関わる学士論文を書いたことで、多額ではないが、報酬をもらったという。一度、契約を更新したが、その後、より良い会社を見つけて応募、現在は、そこでエンジニアの卵として働いている。あるフィンランドの会社の支社で、約150人が働いており、内訳は男性75％、女性25％位だという。

朝は7時から9時の間に出勤、3時から5時まで勤務のフレックスタイム制で、実働7時間である。8時から4時の勤務の人が多く、息子もその時間帯にしている。9時頃と2時頃コーヒータイム、11時頃がランチタイムで、午前と午後のコーヒータイムは、北欧で一般的である。また、フィンランドで昼休みは、12時からよりも11時過ぎからが多い。土日は休みである。

社内は一人部屋が基本だが、現在いるのは三人部屋だという。最初の1、2ヶ月は基本的なことを教わった。今の仕事はプロジェクト管理で、10以上のプロジェクトを受け持っている。直属の上司は35歳位、職場の雰囲気はいいという。本社や他の支社、外国の取引先とのミーティングは、スカイプを使う事が多い。また、週2日程度、在宅で仕事をする人も多い。理由は、子どもが風邪をひいた、家でも仕事はできるなどである。子どもの体調が理由で出社しないのは、女性だけではなく、男性も多いという。まず1年の契約だったが、8ヶ月たったところで正社員として採用された。肩書きは、プロジェクト・エンジニアである。

息子は、数年働いたら修士を取るつもりでいる。1年に数回授業に出て、あとはオンラインで勉強、仕事を続けながら2年程度で修士をとれる大学があるという。フィンランドでは、修士が望ましい学位なので、将来のキャリアを考えると、いずれは修士を取るのが良い。初めから大学に入ると、修士を取るまで長引くことが多いので、応用科学大学を出てから、大学で修士だけ取るのは効率的だと思う。また、働いたり学んだりして、生き方を模索していくのが良いとも思う。

職場は年功序列制ではなく、先輩後輩、同期などの関係はない。また、会社の名前よりも、何が専門かの方が重要なようだ。仕事は、ある会社のヨーロッパ市場担当のマネージャーが公募になるというようなあり方が多い。年齢には関係なく応募し、男女の別なくとても若い人が選ばれることも珍しくない。しばらくそこで働いて、公募などがあれば、また応募し、職場を変えていくことは普通である。

労働のあり方は、日本ととても異なる。非正規労働が多いことは問題だが、長時間労働や拘束はなく、高度プロフェッショナル制度のようなものはありえない。

第六章　フィンランドの「愛国」と兵役

兵役義務

「じゃあね」

「うん。元気でね、体に気をつけて」

5月末に高校を卒業した息子は、7月初めに最寄りの駅から兵役に向かった。同じ日に入隊する高校の友達2人と共に。よく晴れて湿度の低い、軽やかな北欧の夏の日だった。3人共長身でTシャツに短パン、サングラス、飲みかけの清涼飲料水の缶を手にしていた。髪を短くカットしている以外は、普段と変わらなかった。


フィンランドの憲法第127条は、「すべてのフィンランド市民は、法律が制定するように祖国防衛に参加、またはそれを支援する義務を負う」としている。また、兵役義務法第2条は「すべての男性フィンランド市民は、（略）18歳になる年の初めから、60歳になる年の終わりまで、兵役義務を負う」としている。60歳までの兵役義務というのは、予備軍人としての義務である。それは、呼ばれた時、軍事訓練に参加することと、戦争が起きた場合、軍隊で任務につくことである。兵役に行かず、シビルサービス（兵役の代替。兵役義務拒否の一種）を選んだ場合、この義務はない。

兵役義務は、市民権の有無によるため、移民や二重国籍者、外国出身者も含まれる。開始の日は一年に二度、1月と7月で、どちらかを選ぶ。部署については、希望を出し、それを考慮に入れて決められる。期間は、部署や任務の内容によって165日（5・5ヶ月）、225日（7・5ヶ月）、347日（11・5ヶ月）がある。これは、土日も含めた日数である。

前述したように、フィンランドでは高校卒業後すぐ大学進学、大学卒業後すぐ就職というシステムはない。学生と社会人という明確な線引きもなく、90年代以降は非正規労働も多いので、いつ兵役に行くかについては柔軟性があるが、最近は、高校卒業後すぐが望ましいとされ、29歳までに行くことが奨励されている。高校卒業後の進学先が決まっている場合、入学時期は伸ばす事ができる。また、すでに働いている場合、雇用者は兵役を理由に退職させることはできない。兵役後は、仕事に戻ることができる。

兵役中の精神的なサポートとして、ユニット毎に医者、ソーシャルワーカー、牧師がいる。若い人は、問題があっても年長者には打ち明けない事が多いので、同僚と話すとも奨励されている。法的な問題が起きたり、訴訟、裁判になったりする場合は、国の費用で弁護士や法律専門家の助けを得ることが出来る。


日本の「戦後平和主義」で育ち、日本は平和主義国家だと思っていた私に、兵役は抵抗の大きい制度だった。

息子の父親は反戦世代で、夫もその兄も兵役ではなく、シビルサービスを選んでいた。しかし、1991年のソ連崩壊によって、状況が大きく変わった。90年代生まれの息子の世代は、戦争や兵役を肯定的に語る風潮の中で育った。祖国を護って戦うのは「男らしい」が、シビルサービスには、医療施設での介護の仕事などのイメージがあって「男らしくない」のだ。小学校5年の時、家に遊びに来た息子の友達3人が、「大きくなったら兵役に行く」と競い合うように言い、息子も一緒になっているのを見て、本当に驚いた。大きくなったら兵役に行くと息子が思っていることを知ったのは、その時が初めてだった。

ちなみに女性の任意兵役は1995年に始まって、すでに20年を超えている。2017年は、約1500人が志願したという。男女平等の原則に基づいて、配属部署や訓練の内容に男女差は設けられていない。フィンランドでは、男女平等が強調される。また、LGBTの大きな動きもある。最近は、兵役が「男らしい」という言説は、一時期ほど聞かなくなったと思う。

愛国教育と独立の歴史

フィンランドでは、愛国教育も行われている。最も顕著なものの一つは、高校の卒業式後、各地で「英雄墓地」を訪問、花輪を置くことだろう。フィンランドの国旗の色、ブルーと白の花の花輪で、やはりブルーと白の大きなリボンをつけて、捧げられる。

フィンランドには、戦死者を集合的に祀る機関はない。遺体はそれぞれの出身地に送られ、出身地の教会の墓地の一角に埋葬された。各地の主要な教会には、普通の墓地とは別に「英雄墓地」と呼ばれる一角がある。そこには、大きな石碑が立ち、その近くに小さなお墓が並んでいる。個性を排して、画一化されたお墓には、名前と生年月日、死亡年月日のみが刻まれている。多くは20代前半の若者だが、中には10代、30代、40代の人も散見される。卒業式の後、その墓地を表敬訪問するのである。

埋葬されているのは、第二次世界大戦（冬戦争と継続戦争）の戦死者が主である。冬戦争は、1939年11月から1940年3月にかけての3ヶ月半、単独でソ連の侵攻に対して戦った戦争、継続戦争は1941年から1944年にナチス・ドイツの同盟国として戦った戦争である。また、最近まで、あまり語られてこなかったが、1944年9月から1945年4月にドイツ軍との間で戦ったラップランド戦争がある。英雄墓地には、1918年の内戦で命を落とした人のお墓があるところもある。

フィンランドは、1809年から1917年まで、ロシアの自治大公国だった。1917年12月の独立後すぐの1918年1月から5月、白軍と赤軍に分かれて内戦がおきた。ただし、内戦の死者の場合、埋葬されているのは政府軍である白軍の死者のみで、共産主義の赤軍の死者のお墓はないことが多い。赤軍は、政府に対する叛逆者であり、教会の墓地に葬られることなく、打ち捨てるように少し土をかぶせただけのケースも多々あった。内戦から100年を経た2018年は、内戦に関する多くのテレビ番組や様々な催しなどがあった。内戦の記憶は、現在も多くのわだかまりをかかえる問題である。

毎年、12月6日の独立記念日が近づくと、テレビ・雑誌が戦争特集を始める。中心になるのは、冬戦争と継続戦争である。特に冬戦争は重要だ。内戦は、国を二分した。しかし、冬戦争でソ連という共通の敵に対して皆の心が一つになったことは、内戦の苦い記憶を忘れさせてくれる。独立記念日近くには、退役軍人が高校など、学校に招かれ、生徒全員がその話を聞く催しもある。第二次世界大戦時に兵隊だった高齢者から、直接話を聞く。語られるのは、厳寒の冬、小国フィンランドが、大国ソ連に勇敢に立ち向かって国の独立を守ったという物語である。

独立90周年だった2007年には、ヘルシンキの小学生が90人の退役軍人に携帯から電話し、挨拶するという試みがされた。6年生のある男児は、退役軍人から「フィンランド人であれ」と言われたという。企画したのは、フィンランド祖父母協会という市民組織である。

しかし、こうした解釈には問題がある。フィンランドがソ連から独立したのは1917年であり、ロシア革命に至るロシアの政治的過程と結びついている。独立は、ロシアの帝政が倒れ、ボルシェビキが政権をとったことによって可能になったのである。独立宣言を認め、初めに署名した人物の一人はレーニンだった。つまり、冬戦争と継続戦争でのボルシェビキとの戦いによって独立を守ったという物語は、そもそも独立を認めたのはボルシェビキだったことを見えなくしてしまう。国民国家は、戦争と軍事によって独立を守るという思想の強固さを感じさせられる。

軍隊での生活

息子の軍隊での生活について聞いてみたので、まとめてみよう。

高校卒業前に、軍隊への召集状が家に手紙で届けられた。ICT化の進んだフィンランドでは珍しい方法である。それを持って市役所に行き、身体検査を受けて登録し、希望部署を伝えた。陸海空軍の他、特殊部隊としてパイロット、潜水、パラシュート、インターネット上の電子戦争などがあるが、それらを希望する場合は、別途応募になる。普通は、陸軍に行くことが多い。

息子が希望したのは、陸軍のミリタリーポリスである。駐屯地は全国各地にあるが、自宅から近い所に行くのが普通で、配属になったのは、家から車で4時間位の所である。

息子は7月から行ったが、友達は半年後、1年後、未定等さまざまだった。

配属になった駐屯地には、全体で２０００〜３０００人、息子の部署では約２００人の新入兵がいた。入隊式のようなものはなく、部署ごとに集まって上官の簡単な話を聞いたあと、軍服やシーツなどの必需品が入った大きな重い袋を渡され、部屋まで運んだ。

部屋は８人の相部屋で、シングルベッドとロッカーが並ぶだけの簡素な作りである。同室になったのは18、19、22歳などの青年だった。入隊後、すぐにやめた青年が一人いたため、７人の相部屋になった。

日課は、朝５時半起床、５時45分に部屋を出て、５時55分までに食堂に行き朝食。食事時間は30分。休憩と軽食を挟んで３時間と３時間半の訓練、午後１時に昼食、食事は30分で、午後は３時間訓練。夕食後、６時から自由時間、７時半に夜食、９時半部屋で点呼、10時就寝という毎日だった。

最初の一月半は、部署には関係なく合同訓練があった。様々なトレーニング、体操、自転車、柔道のような護身術などである。プールは改装中で、水泳はなかった。冬はスキーの練習があった。森で孤立した時のサバイバルの訓練、テントを組み立てて森でのキャンプ、大型テントに宿泊しての訓練もあった。

ミリタリーポリスには、パトロール、点検、チェックポイントを作り、通行する人や車を止めてチェックする、人を捕える、警備、警護、VIPを護る、司令センター防衛などの訓練や演習があった。

射撃練習もあり、得意だったという。2001年に、自殺者が出て以来、所持については非常に厳格になった。町中での演習もあった。敵が家の中にいると想定して、監視する、中に踏み込む、周囲を護るなどの訓練である。安全ベストを着用し、実弾は入れないが拳銃を使用した。

入隊する時は、髪を短くカットしたが、その後は、髪を短くする義務はなかった。ヘアスタイルにはいくつかのモデルがあり、その中から選ぶようになっていた。軍服とシャツ、靴、冬のコート、他の必需品は、軍隊から支給される。すべて中古品で、相当古いものもあった。保全は軍隊がするので、自分で洗濯する等の必要はない。除隊の時、すべて返却した。

軍隊では、名前ではなく苗字で呼ばれる。お小遣い程度の日当が出た。家族や友達などへの連絡には、携帯は禁止されていて、外部との連絡用には軍隊のネットワークシステムを使った。

兵役は、普通週末が休みで、金曜の午後3時頃から日曜夜まで帰宅する。息子の部署では、隔週で週末が休みだった。ただし、それほど厳格ではなく、木曜日に帰宅になることもあった。帰宅は、電車の往復切符をもらう場合と、大型バスが自宅の最寄り駅まで送迎する場合があった。自分の車で通っている人もいた。バスは、軍隊のバスではなく、普通の大型バスを貸し切りにしている。乗り遅れた場合は、自力で戻らなければならない。息子は、一度遅刻し、家の車で戻ったことがあった。

嫌がらせやしごきのようなことも、多少あったという。たとえば、起床後、ベッドメークするが、カバーに少しシワのあるベッドが1つでもあると、相部屋のメンバー全員がベッドメークのやり直しをさせられた。また掃除後、窓辺などにほこりが少しでもあると、部屋中の掃除がやり直しになった。すべて、連帯責任である。すぐ上の人がこうした嫌がらせめいたことをすることも多いが、時々、もう少し上の人が、気まぐれで嫌がらせをすることもあったという。

また、ささいな事の罰として10キロの荷物を背中に背負い、腹ばいになって両肘で100メートル進まされたこともあった。それは、部屋単位と部署単位であったという。1990年代は、もっとひどかった。たとえば、部屋のどこかを指で触り、少しでもほこりがつくと、地面を5メートル掘って、そのほこりを埋めさせられた等の話を聞いた。

除隊の日は、部署ごとに集まって上官の話があり、証明書をもらって解散になり、バスで帰宅した。

軍隊にいた時は嫌だったが、振り返ると通過儀礼のようなもので、今は行って良かったと言えると、息子は語っていた。軍隊は、日本の学校のような感じで、それを知っていたので大きな違和感はなかった。最短の約6ヶ月だけ行った人は、嫌だったと言う事が多いが、最長の1年行った人は、良かったという感想を持つ事が多い。

6ヶ月たつと、新入兵が入ってきて、生活や基本的な訓練の指導ができる立場になり、最下位のポジションから抜け出せるからだという。軍隊には、細かい上下関係があって、平等を強調するフィンランドの原則と合わない。しかし、何かあってもパニックを起こさず、どう行動するかが大体わかるようになったと思うとのことである。

息子は、中途で辞めることなく、約1年の兵役を終了した。警護、警備、防衛、射撃、攻撃などは、ゲームの延長のような感覚だったようだ。フィンランドの軍隊には、休日と休暇があり、長時間の拘束はない。金銭的補助もあって、福祉国家の軍隊の様相を持つ。しかし、軍隊での嫌がらせやしごきは、ハラスメントであり、一般社会では禁じられていることが容認されている。連帯責任や細かい上下関係も一般社会とは異なる。

「兵士の誓い」

入隊して6～7週間後に「兵士の誓い」という催しがあり、家族や親戚などが見に行ける。私も、夫と一緒に見に行った。人里離れた森の中で、敷地が広い。大勢の人が見に来ていて、駐車場に入りきれなかった車が、兵営内の道やその他のスペースにあふれていた。全員が大きな運動場に集まるので、始まる前、息子に会って運動場のどの辺にいるかを聞いておいた。兵士の入場、行進、上官の挨拶、音楽隊による演奏などがあり、軍旗がひるがえる。軍服姿の若い女性を、少し見かけた。

「兵士の誓い」は、兵役に関わる法令第11条で、次のように規定されている。「私、〇〇は、独立国家フィンランドの信頼でき、忠実な市民であることを全知全能の神の前で誓います。正直に国に仕え、最善をつくして国の利益となることを求め、進めます」である。「全知全能の神の前で誓います」は、宗教を持たない人の場合は、「私の名誉と良心に従って誓います」になる。この誓いは、まだ続くのだが、新入兵が言うのはここまでである。続いて、上官がマイクで述べる。それは、次のような内容である。

「最善を尽くして、誠実に国に仕える」「祖国の不可侵と法的な国家の仕組み、法的権威を護る」「法的権威や国家の仕組みを覆そうとする試みを知った時は、すぐ通報する」「与えられた任務を最後までやり遂げる」「上官に従う」「法律と法令を守る」「業務上の秘密を守る」「仲間を助ける」「家族、親類、友人、妬み、恐れ、憎しみ、贈答などの理由によって、義務に反する行為をしない」「上官になった場合は、部下に公平に接し、ウェルビーイングを考慮、希望を聞き、模範となるよう努める」

最後に、新入兵が「これらすべてを私の名誉と良心にかけて行います」と言って終わる。

「兵士の誓い」の際は、右肘を曲げて前腕を上に向け、人差し指と中指を立てる。この誓いをした後、兵役を辞めることはできなくなる。また、軍隊で最も低いランクを得る。

「兵士の誓い」は、現在は非宗教化されているが、元は濃厚に宗教的である。軍事的な「誓い」という行為には、少なくともヨーロッパ中世、十字軍に連なる歴史があると思われる。入隊と除隊は、「式」というほどのものを伴わない。「兵士の誓い」が、兵役期間中の最も重要な儀式であり、象徴としての重みを持つ。現在の誓いの文言は、1734年に起源を持つとされる。また、誓うという行為は、兵隊だけがするのではない。フィンランドで類似の誓いは、大統領や大臣、知事などに就任する際にも行なわれている。その際は、開かれた大きな聖書に人差し指と中指を当てて、誓いの言葉を言う。

式の後は、敷地内を歩いたり、息子の住む部屋や建物を見学したり、食事をしたりした。兵士の訓練の様子をマネキンを使って再現したスペースがあり、冬の兵営の様子や服装、飯盒《はんごう》の中身などが展示されている。

また、「兵士の家」と呼ばれる憩いのための建物があり、図書室やカフェテリアなどがある。兵士の家は、1918年にヘルシンキのYMCAに作られたのが始まりで、第二次世界大戦時には各地にあった。民間の女性達が、「シスター」としてボランティアで働き、ドーナツを作って兵士をもてなしていた。イースト菌を使った手作りドーナツは、今も作られている。シンプルだが、もちもち感があって美味しかった。

日当や諸手当

日当は、2017年現在、1日から165日までの兵役で5・1ユーロ(663円)、

166日から255日までが8・5ユーロ（1105円）、256日から347日が11・9ユーロ（1547円）である。パラシュートや潜水などの特殊部隊にいる兵士には、追加手当が出る。

女性には、日当0・5ユーロ（65円）が上乗せされる。軍隊が調達しない、個人的物品購入のためである。土日は休みなので支払われない。日当は、月に2度銀行口座に振り込まれる。この日当は、年金計算には含まれない。

兵役後は、予備軍人になる。不定期に召集があり、応じなければならない。息子は、過去5年間に3回行った。それぞれ数日間で、日当が出る。ポジションによって3段階あり、2016年現在、59・9ユーロ（7787円）、62・2ユーロ（8086円）、65・2ユーロ（8476円）である。追加として、税金免除で日当5・1ユーロ（663円）が全員に与えられる。

この他に、条件に該当する場合は、兵士手当を受けられる。その内容は、基本的生活補助、住居手当、子どもの養育費補助、学習ローンの利子などである。払うのは社会保険庁で、兵士に支払われるが、兵士手当を受ける権利は家族にもある。それは、配偶者、婚姻関係にはないが登録されている同性のパートナー、事実婚の相手、自分の子どもと養子、配偶者の子ども、施設などに預けている子どもである。

また、兵役中に子どもが生まれた場合は、12日間の父性休暇が取れる。兵役の日数には影響しないので、兵役期間が伸びることはない。普通、誕生後1ヶ月以内に取るが、母子の状況によっては、遅らせることもできる。父性手当は、1日23・93ユーロ（約3110円）である。


土日は休日で、その他に3種類の休暇がある。

1つは、特別に優れた能力を持つ人に与えられるもので、165日、255日、347日の3つの兵役期間に応じて、それぞれ10日、15日、20日である。

2つ目は、個人的休暇で、全員に権利がある。兵役期間に応じて6日、12日、18日である。これは、秋休み、クリスマス休暇、春休みなどになることが多い。

3つ目は、個人的な理由による休暇で、最長6ヶ月まで取ることができる。学業、経済的事情、家族の事情、スポーツ競技参加、何かの組織の役員としての任務などが理由になる。この休暇を取った場合は、その日数分、兵役期間が延長される。

シビルサービスという選択肢

フィンランド人である私の夫は、29歳になってから、ヘルシンキのフィンランド文学協会でシビルサービスを行った。仕事の内容は、図書室での資料整理やカタログ作りなどである。仕事の上司は大学の指導教授で、研究プロジェクトを率いていた。そのプロジェクトに関わる仕事を手伝い、後に共編で本を出している。夫の兄は、宗教学を学んでいたが、やはり20代の終わり間際になって、ヘルシンキの盲学校の守衛を務めた。

シビルサービスに就く人の割合は、毎年、約7％だという。期間は、3〜4週間の教育期間を含む、347日間である。それは、最長の兵役期間であり、兵役ではなく、シビルサービスに就くことに対する罰になっているという批判がある。

シビルサービスには、最初から希望する場合と、兵役を中途で辞めて切り替える場合がある。私の甥は、入隊した翌日辞めた。また、知り合いに2週間で辞めたケースがある。共に、その後シビルサービスに就いた。2008年に中途でやめたのは、全体の20％だったが、2015年は15％に減ったという。年によって増減があるようだ。中途で辞める申し出があった場合、上官が辞めないよう説得することは禁じられている。

フィンランドで、兵役を拒否する権利は1931年からあった。しかし、それは信条によるものであることが条件だった。現在も法的には、信条によって武器使用ができないことを理由とするとされている。しかし、実際には、軍隊ではなく普通の仕事を経験したいなど、現実的な理由からシビルサービスを選ぶ人が、全体の3分の2だという。

2012年の大統領選挙の時、有力候補者だった「緑の同盟」の代表者が、兵役ではなくシビルサービスだったことが話題になったことがある。そこには、男らしい兵役を避け、軟弱なシビルサービスをした人が、大統領としてふさわしいのかという声があった。その候補者はゲイで、パートナーが中南米出身であることについても意見が分かれていた。結果は、2位で落選だった。

シビルサービスの受け入れ先になるのは、政府機関、自治体、宗教団体、教会関係、非営利団体、財団、企業など様々である。若い男性をただ働きで搾取するものではなく、受け入れ先には金銭的負担がある。5・1ユーロ（663円）から11・9ユーロ（1547円）の日当、食事代、医療費、保険費等を支払い、必要な場合は、宿泊場所を提供する。その負担総額は、年額約1万ユーロ（約130万円）になるという。

2018年2月には、オーケストラでシビルサービスをする青年のケースがニュースで伝えられた。ヘルシンキの音楽大学シベリウス・アカデミーで打楽器演奏を2年学んだ、21歳である。シビルサービスとして、国立オペラ座のオーケストラに試用され、2017年秋以降、25の上演に加わったという。事務、掃除、楽器の手入れなどの仕事もし、約1年間のシビルサービス終了後は、大学に戻るという。これは、高校卒業後すぐにではなく、大学を中途で休学したケースである。約10%が、こうした文化的領域で、シビルサービスを行なっているという。

エホバの証人の兵役義務免除

兵役義務を免除されてきたなかに、宗教団体エホバの証人の信者とオーランド諸島の住民がいる。オーランド諸島は、フィンランドとスウェーデンの間に位置する島々で、人口約3万人の自治領である。1922年にヨーロッパ諸国との間で、40年にはソ連との間で、オーランド諸島の非軍事化が合意されており、その住人の兵役義務免除が、問題にされることはほとんどない。しかし、エホバの証人が兵役義務免除になることで起こる不平等は、問題になってきた。

エホバの証人の信者は、2ヶ月以内に発行された教区からの証明書で、教区のアクティブなメンバーであること、宗教的な信条から来る深い良心的な理由によって、兵役にもシビルサービスにも就けないことを示すことによって、3年間、兵役を延期できる。28歳になるまで更新ができるので、更新を続けることによって、実質的に兵役義務とシビルサービスのどちらからも免除になる仕組みである。

エホバの証人は、キリスト教は他人の命を奪う事と、国家のために自分を犠牲にすることを禁じているとして、兵役もシビルサービスも拒否してきた。1970年代には、そのため9ヶ月の禁固刑を受けたエホバの証人が、毎年約100人いたという。禁固刑を避けるために、シビルサービスに行った信者は、教区から離脱させられてきた。

しかし、エホバの証人も変化している。90年代以降、エホバの証人は、シビルサービスを受け入れるようになっており、シビルサービスを行った信者もいる。しかし、それを理由に教区から離脱させられた人はいないという。最近は、教区が決めるのではなく、信者一人ひとりが、個人の良心に基づいて決めるのがよいという方向に転換している。

兵役拒否による禁固刑は、国連人権委員会から思想犯だとする批判を受けた。1987年に免除法が制定され、エホバの証人は、兵役とシビルサービスの両方から免除されることになった。これは、例外的な法律で、憲法が規定する全市民の祖国防衛に参加、支援する義務への例外になるものであり、当初から問題を孕んでいた。フィンランドの憲法は1995年と2000年に改正されたが、エホバの証人に関する免除法には手がつけられていなかった。次に見るように、最近の訴訟でもエホバの証人が例外的に兵役免除されることが、論点になった。

しかし、2019年2月に、国会で免除法の廃止が可決され、4月1日から施行された。これによって、エホバの証人の信者も、兵役かシビルサービスに就くことが義務化された。

トータルな拒否

トータルな拒否は、エホバの証人ではない人による、兵役とシビルサービスの拒否である。毎年、約30人から50人がこれを行なっているという。従来、トータルな拒否に対しては、禁固刑が科されてきた。

ただし、フィンランドの刑務所は日本とは違う。それは、人権を剝奪された場所ではなく、さまざまな権利が保障されている。部屋には窓と暖房、ベッド、机、イス、トイレ、テレビ、DVD機器などがあり、ユースホステルのような外見である。家族に限られた時間電話すること、勉強や仕事を探したり、応募したりするためにインターネットを使うこともできる。

禁固刑については、国連人権委員会等から複数回、人権侵害として警告があり、２０１１年以降は、日々の行動が電子的な監視下に置かれる刑罰に変わった。この刑罰については、次にみる。

トータルな拒否を行なった23歳の青年が、禁固刑を受けたことを不服として、ヘルシンキで起こした訴訟があった。非暴力的な紛争解決と反戦を主張する青年で免除法によって、エホバの証人が兵役から免除されるのに、他の人は、信条によって同じ扱いを受けないことを差別と主張していた。

これに対し、２０１８年2月にヘルシンキの高等裁判所が、禁固刑を棄却する判決を出した。理由は、エホバの証人が兵役免除になることとの整合性である。裁判所は、青年の主張を受け入れ、トータルな拒否を罰することは、憲法が禁じる差別にあたるとした。これは、トータルな拒否を犯罪とはしないことであり、今後の状況を大きく変える可能性があると話題になった。

この判決は、高等裁判所において4対3の多数決で青年の勝訴になった。多数派は、例外的な免除法であっても、すべての人に平等でない対応は認められないとした。一方、少数派は、免除法が引き起こす憲法との関連上の問題は、法律の制定によって立法的に解決すべきと主張した。

エホバの証人を例外とすることで、憲法が定める平等と矛盾が生じることは、政府内で、少なくとも2007年から問題視されてきていた。防衛省の委員会、議会の憲法委員会などによって、トータルな拒否者は憲法が規定するように、同等に対処されるべきとする意見が出されていた。基本的人権に関する事柄に関して、処罰すべきではない。宗教による拒否か、他の信条による拒否かの区別は必要がないという意見である。

2018年2月の判決を受け、被告は最高裁に上告したが、11月に最高裁はこの件は取り扱わないと決定したため、高等裁判所の判決が法的な効力を持った。前述したように、2019年2月にエホバの証人に関する免除法が廃止されたが、そこに至るまでの間にトータルな拒否をした12人が、処罰を受けないですんだという。これは、処罰を受けた人から見ると、不公平と言えるが、その時の法律に沿って判決を行うのが原則と説明された。

しかし、免除法が廃止されたことによって、エホバの証人に対する扱いとの差を、トータルな拒否の論拠にすることは、今後できなくなる。

従来、トータルな拒否には、禁固刑が科せられていたが、2011年以降は電子的な行動監視に変わっている。「良心的兵役拒否協会」という市民組織の会長を務めたことがある19歳の青年は、トータルな拒否をしたため、2016年に173日間の監視刑を言い渡された。大学で数学を学ぶ、反軍事主義者の青年である。その判決を不服として2018年2月、控訴中だったが、右に書いた経緯により、監視刑を受けなかったようだ。

監視刑を受けると、173日間、犯罪監視庁との間で、毎週の予定を事前に合意しなければならない。授業やスーパー、趣味の活動などに行く時間と、帰宅する時間を守らなければならない。監視刑は「電子的な足かせ」の刑罰で、足首の周りと自宅に備え付ける器具があり、外出と帰宅の時間がチェックされることになる。外出の自由はあるが、毎日の行動を監視する刑罰である。

この青年は、エルサという女性名を持つ。男性から女性に、或いは女性から男性に性転換した場合の兵役をどう考えるのかも、現在議論されている事柄である。

女性の任意兵役

従来、フィンランドでは女性の兵役はなかった。女性の任意兵役に関する議論が起きたのは、１９９１年のソ連の崩壊後で、欧米世界での冷戦の終わりと関連している。女性の任意兵役実現は、当時の国防大臣、エリサベト・レーンの尽力によるところが大きい。

女性の任意での兵役について、賛成派は他の北欧諸国の状況、男女平等、歴史的経緯などを理由に挙げていた。一方、反対派は母性、妊娠、衛生等、女性の特質や肉体的弱さを挙げることが多かった。衛生用品の費用や、女性が加わることに関する出費もある。軍隊は父権的な序列社会なので、男女平等は無理という主張もあった。

国会で任意の女性兵役が承認されたのは、１９９５年1月。１０３対66の多数決だった。募集が始まり、同年10月には25人の女性が入隊した。97年以降は、すべての部署に女性が配置されている。２０１７年と２０１８年は、約１５００人の女性が入隊したという。

応募できるのは、健康で適性のある18歳から29歳のフィンランド市民の女性である。毎年3月1日までに自分で応募、健康診断などを経て、指令書を受け取る。その後、考えが変わった場合は、行かないことを書面で通知することができる。

また、兵役を始めて45日以内であれば辞める事ができる。その際、男性のようにシビルサービスをする義務はない。45日を超えてから辞めた場合は、シビルサービスをしなければならない。また、兵役を修了した場合は、男性同様60歳になるまで、予備軍人としての義務を負う。

訓練では男女平等の原則が強調されている。女性が配置されない部署はなく、男性と同じ教育と訓練を受け、武器使用に関しても男女同じである。パイロット、潜水夫、パラシュートなどの特殊部隊での訓練も、同様に行われる。昇進も男性と同様で、将来、軍人としてのキャリアを築くこともできる。

兵役日数は、男性と同じで3種類である。日当は、基本は男性と同じだが、前述したように、女性には1日0・5ユーロ（65円）が追加される。兵役後、予備軍人として訓練に参加する時の日当にも1日0・5ユーロが加算される。休日と休暇、諸手当などの待遇も男女同じである。

２０１８年5月、男性の国防大臣が、女性兵役は経費がかかるので、しばらく凍結、或いは、年によっては募集しないのはどうかと発言した。現在、防衛省は財政難にあり、それによって年間約400万ユーロ（5億2000万円）の経費がカットできるとしたが、ブーイングを受けて、話は立ち消えになった。

エリサベト・レーンという政治家

女性の任意兵役を実現させたエリサベト・レーンは、1935年生まれ。スウェーデン語を母語とする、スウェーデン語系フィンランド人である。4児の母で、フィンランドで最初にタッパーウエアの販売を始めた事業主だった。ヘルシンキ郊外の高級住宅地、カウニアイネン市の審議委員等を経て、79年に、フィンランド・スウェーデン人民党から国会議員に当選、国会に進出。国防大臣（90～95年）、男女平等大臣（91～95年）、欧州議会メンバー（95～96年）、バルカン人権報告者（95～97年）、サラエボでの国連事務総長特別代理人（99年）などを歴任、94年は、大統領選候補者の一人だった。現在も、精力的にさまざまな活動を続けている人物である。

出身母体となったフィンランド・スウェーデン人民党は、スウェーデン語系フィンランド人の党である。リベラル系の党だが、レーンは「右翼からの女性」であった。それは、時代の風潮に反するもので、驚きや冷笑を持って迎えられたという。

女性の任意兵役に先立つ91年、フィンランドは国連平和部隊として5人の女性をレバノンとゴラン高原に派遣した。国際的な危機管理の一環で、女性の軍事的行為参加の始まりとなるものである。そこには、当時の国防大臣レーンの後押しがあった。

フィンランドには1921年から44年の間、ロッタ・スヴァールドという名前の、国防婦人組織があった。

後述する自衛軍を補佐するための任意組織として生まれ、付随して7歳から16歳までの少女を会員とする「小さいロッタ」という少女組織があった。

レーンは、43年に8歳で「小さいロッタ」に加入した元少女会員である。父が開業医だったため、戦時中は、多くの負傷兵を間近に見ていた。地元での英雄兵士の葬儀に参列したこともある。40年代には、18歳に満たない少年兵が戦闘に加わることもあった。知り合いの少年が、「英雄」として帰還した時の悲しい思い出もあるという。

国防婦人組織ロッタ・スヴァールド

1918年のフィンランド内戦の際、ゆるやかな婦人組織が各地で出現し、自衛軍の兵士に食事を与え、負傷兵を看護し、衣類を繕っていた。ロッタ・スヴァールドは、それら統合性を持たなかった組織を汲み上げつつ、全国的な任意組織として1921年に立ち上げられた。組織名のロッタ・スヴァールドは、文学上の架空の女性名で、国民的詩人J・L・ルーネバリ（J. L. Runeberg、1804〜1879）による戦争叙事詩『歩兵少尉ストールの物語』（1848）の登場人物の名前からとられている。会員は、ロッタと呼ばれ、物語の女性と同一化されていた。ロッタ・スヴァールドの任務は、担当の自衛軍を補助することである。自衛軍（suojeluskunta）は、白軍の市民軍である。1905年に大規模なストライキが起きると、治安維持のために自衛軍が形成されていった。内戦では、政府軍として戦い、勝利を収めた。冬戦争で、自衛軍は戦地に送られた軍隊の空白を埋めて任務につき、また前線に送られ戦闘員となった。冬戦争後、自衛軍は防衛省に編入され、その体制は継続戦争でも維持された。

ロッタ・スヴァールドで女性の参戦は認められていなかったが、設立にあたって議論はあった。内戦の際、赤軍側には任意の女性部隊があり、多数の女性が戦闘に加わっていた。内戦による約3万5000人の死者のうち、銃撃戦で命を落としたり、処刑されたりした女性は数千人いたとされる。

冬戦争と継続戦争でロッタ・スヴァールドの任務は拡大し、多くの会員が志願して前線に送られた。軍病院、野戦病院、病院列車などで医療活動にあたり、また通信、輸送、気象観測、防空、海上監視など軍隊の後方支援的活動に従事したが、最後まで戦闘に加わることはなかった。会員の役割は戦闘ではなく精神的国防であり、非軍事的女性の国民化、愛国精神の育成が強調された。

ロッタ・スヴァールドの組織は中央本部、地区本部、支部、村落支部の4つのレベルから成っていた。戦時には時局に対応した新しい部門が設けられたが、各支部は、基本的には4つの部門（医療、糧食、資材、資金調達・事務）に分けられていた。非戦時の自衛軍の活動は軍事訓練、軍隊補助、警察補助、スポーツ精神強化、身体鍛錬、愛国精神向上などで、ロッタ・スヴァールドは、軍事訓練の際の食事やお茶の支度、制服や旗などの修繕、資金を得るためのバザーなどを行っていた。

また、会員のために、さまざまなクラスが提供されていた。中央本部、地区本部、支部などが主催するクラスには、糧食、キャンティーン、資材、洗濯、事務、通信、気象、防空、医療、獣医学などがあった。期間は、2週間程度から6ヶ月までさまざまである。基礎クラス終了後、継続クラスがあるものもあった。また、特定の受講者に向けたグループ長クラス、少女部のリーダークラスなどもあった。

各支部で、ほぼ隔週のミーティングが持たれ、話し合いや合唱、講話などがあった。「裁縫クラブ」と呼ばれる手仕事のサークルも盛んだった。自衛軍兵士のための編み物、特に毛糸の靴下を編むことは、好んで行われた活動である。非戦時に、祖国と具体的に関わるのは、それぞれの場所で行う食事の準備や編物など身近なことを通じてであることは、常に強調された。

フィンランドには、19世紀中頃から社会的母性という概念がある。社会的母性は、実際に母であるかどうかに関わりなく、育てケアする母であり、社会的なレベルでの母性である。それは、自衛軍兵士のケアに繫げやすい。戦時中には、母の献身的な愛、犠牲、愛国心、息子を戦死させることの覚悟などは、ロッタ・スヴァールドの機関誌やクリスマス雑誌、その他の出版物で繰り返し強調された美徳である。１９３０年代、40年代には、フィンランドでも「軍国の母」化が起きていた。

少女部「小さいロッタ」が創設されたのは、１９３１年である。少女たちは7～13歳、14～16歳の2つのグループに分けられ、愛国的、宗教的教育を受けた。エリサベト・レーンが入会したのは、この組織である。勤労や国防精神を学び、手芸、合唱、スポーツ、成人部の任務の手伝いなどをしていた。約４０００人の会員から始まり、組織が廃止された1944年には、約5万人の少女会員がいた。

ロッタ・スヴァールドでは、会長も役員もすべて女性である。男性による監督は、なかった。1929年から44年まで、学校の先生出身のファンニ・ルーッコネン（1882〜1947）が会長を務めた。ロッタ・スヴァールドは、スウェーデンやノルウェー、デンマークなどの国防婦人組織のモデルになった。また、国際的な交流網を持っており、ナチスの婦人組織とも親しい交流があった。会長のルーッコネンは、43年にドイツを訪問した際、第三帝国の総司令部に招かれ、ヒトラーから直接ドイツ鷲勲章を授与されている。この勲章を与えられた唯一の非ドイツ人女性である。

ロッタ・スヴァールドの活動で興味深いことの一つは、週末は休みであり、活動が春と秋の2学期制で行われて、それ以外は休暇だったことだ。戦時中は、さすがに2学期制での活動はなくなるが、個人的事情に応じた休暇の権利があった。また、組織には制服があったが、週末と休暇中など、オフの服装には介入がなかった。モンペを強要されるようなことはなく、機関誌には、戦時中もセクシーな下着やストッキング、ドレスなどの広告が載っている。

ロッタ・スヴァールドは、任意で加入、退会、仕事や学業の事情によっては、与えられた任務からの解放願いなどをしていた組織である。当初は、社会主義者は加入できなかったが、冬戦争勃発によって、すべての人に開かれることになった。国家の危機に際し、思想と階級の差を越えて団結が起きたのである。冬戦争は、内戦の分断を忘れさせ、国民統合をもたらした戦争である。そうした経緯を経て、創設時に会員約3万人、賛助会員約8000人だった組織は、1943年には会員約14万4000人、賛助会員約3万人に増えていた。

前述した「兵士の誓い」のように、ロッタにも誓いがあったが、ロッタの場合は、「約束」と呼ばれていた。「ロッタの約束」には、会則で定められた言葉があった。「私、○○は、正直に良心に従って、宗教・家庭・父の国を防衛する自衛軍を助け、任務にあたってはロッタ・スヴァールドの規約を守ることを誓います」というものである。「宗教・家庭・父の国」は、ロッタ・スヴァールドの標語で、父の国は祖国を意味する。

「ロッタの約束」をする機会は、年に何回か設けられた。たとえば、クラス修了式で、戦没者記念日に戦没者記念碑の前で、独立記念日に教会で、全国のロッタが年1回場所を変えて集まる「ロッタの日」の礼拝で、などが多かった。全員がするのではなく、希望する人がする約束である。それは厳粛で神聖な行為だった。

戦況が進むと、多くの会員が志願して危険な任務にも携わっていった。終戦直前の１９４４年９月は、１万９５３７人が戦地に派遣されていた。その内、医療関係は３８５６人、糧食関係７０５７人、資材・洗濯関係９０１人、電話・通信・防空・気象関係７５８９人、戦場でのコーディネーター専門１３４人である。６７１３人は居住地で、１万２８２４人は居住地外で勤務していた。１９３９年から44年４月までに爆撃、空襲、病気、事故などによる死者数は２５２人である。

廃止と再評価

１９４４年に敗戦すると、ロッタ・スヴァールドは、戦勝国ソ連によってファシスト組織という烙印を押され、廃止された。戦後復興と冷戦体制の中で、その活動の記憶は封印された。かつてその会員であったことは恥じるべきことになり、公に語ることはもちろん、親族や同僚に知られることさえ憚られてきた。

しかし、ソ連崩壊に至る過程で状況は一変し、組織の再評価と公式な名誉回復がされた。１９９１年９月に、ヘルシンキで大統領夫妻や政府高官の出席を得て、廃止されている組織の創設70周年記念式典が開かれたのだ。全国各地から招かれた、約１５００人の元ロッタが参加、中にはかつての制服姿もあった。そこでは、ロッタ・スヴァールドの活動によって、フィンランドの独立が守られたという見解と敬意、謝意が表明された。

この式典は、政府レベルにとどまらず、「長い間忘れられていたが、祖国のために尽くした女性たちがいた」という肯定的な評価が、一般に広められていくきっかけとなるものでもあった。それは、若い女性が「私のおばあちゃんは、ロッタだった」と再発見し、誇らしく思う気持ちにつながっていった。

当時、国防大臣だったエリサベト・レーンは、創設70周年記念のスピーチで、式典の目的はフィンランド独立のために自己を犠牲にしたロッタの名誉回復にあると述べた。ただし、レーンの感謝と敬意は、戦時中の活動のみに対するものだった。創設から1939年の冬戦争に至るまでの活動は、より厳しい試練への準備という位置づけに止めた。さらに、ロッタ・スヴァールドはファシスト組織だから廃止されたのではないという、独自の見解を述べ、戦後の状況については、感謝ではなく非難と沈黙の期間だったことを遺憾とした。

レーンのスピーチは、組織の意味を選択的、部分的にのみ認めるものである。組織廃止の理由はファシストだったからではない、という見解は事実と反する。それは、歴史修正主義的な見解と言える。

前述したように、レーンの尽力により、1995年に女性の任意兵役を可能にする法律が発効した。こうした流れで見ると、「小さいロッタ」会員だった、元「軍国少女」が成人し、国防大臣に出世して、かつて所属していた国防組織の名誉回復を果たし、さらに女性の任意兵役を実現させたと見ることができる。また、女性の任意兵役は、ロッタ・スヴァールドの延長上にあると見ることも可能だろう。レーンは、ロッタ・スヴァールドではできなかった女性の参戦への道を開き、さらに男性の補助ではなく、男女平等の軍事化を可能にしたのである。

最近のレーンは、現在の兵役のあり方を根本的に変えることを主張している。それは、シビルサービスも兵役拒否も、任意の女性兵役もない、一定の年齢層の市民全員の兵役義務である。戦闘教育を中核として持つ、フィンランド全体の安全のためのものだという。レーンは、シビルサービスというような表現は好まず、それを「安全教育」と呼ぶ。市民全員に強制する兵役義務の実現は、フィンランドではむずかしいだろうが、こうした強硬論者もいるのだ。

フェミニストの意見

フィンランドのフェミニストは、女性の兵役に関する議論をどう見ているのだろうか。全般的に言って、戦争や軍事、あるいは戦争批判は主要な関心事ではない。主要な関心事は、男女平等、女性の地位向上、保育制度、ケアの充実などである。

フィンランドでも、70年代にベトナム戦争に対する反戦思想が盛り上がった。しかし、反戦、反軍事主義は、戦後アカデミズムの中では非主流で、特に、女性と軍事に関する批判的研究は、ほとんどないと言っていい。むしろ、冷戦後の政治変化の文脈でなされている研究は、女性が軍事に関わることを容認、または肯定的に捉えている。国家の独立を守るために軍事は必要で、ある程度の軍事化はやむをえないという考えが主流である。

レーンのような政治家は、日本では一部フェミニストの批判を浴びる可能性がある。しかし、フィンランドのフェミニストからは、批判は出ていないようだ。

北欧の兵役事情

義務か任意か、全員か少数精鋭か、男性のみか男女共か、国民の義務か民営化かなどは、兵役に関してしばしば議論される事柄である。ヨーロッパでは、兵役義務は縮小、廃止の方向にあった。北欧で、男性に兵役義務を課しているのはフィンランドだけになった時期もあったのだが、最近再び変化している。

たとえば、スウェーデンは、2010年から兵役義務を廃止したが、2018年1月から兵役を再開した。クリミア併合やバルト海エリアでの緊張の高まりに呼応したものである。ただし、義務ではなく選択された一部の人を対象にする。同年、1999年生まれの1万3000人から選ばれた4000人の男女が召集された。1年間の任務である。

兵役に関する男女平等は、2000年代以降、ノルウェーが進んでいる。2015年1月から、97年以降生まれの全ての男女に対して、徴兵制が課されるようになった。NATO加盟国で、男女分け隔てのない徴兵制を導入した最初の国だという。19～44歳を対象とし、期間は12ヶ月が普通だが、6ヶ月、18ヶ月もある。戦争が起きた場合、18～55歳の人が召集されることがある。

国防の目的

兵役のためのガイドブック（2017年）は、次のように目的を説明している。

「フィンランドは、あなたを必要とする。あなたが、私たちの国と国家の独立、領土の不可侵を守るために最良の人だから。兵役義務に基づく軍事的国防が、この国に住むあなたの、また他の人たちの権利が侵害されないことと、フィンランドで生きていくことを脅かす者は誰もいないことを保証する。NATOに加盟していないフィンランドは、市民による防衛と軍事的能力を維持、発展させていく」

「NATO非同盟国として、フィンランドは独立して領土を防衛しなければならない。兵役義務は紛争と戦争の際、陸軍、海軍、空軍に必要なリソースを効率よく生み出す。兵役は、コスト効率良く、大量に有能な予備軍人を生み出す」

独立と不可侵、権利を守る、NATO不加入、コスト効率などを挙げ、市民が、自分の身体で国を守るという物語での説得である。NATO不加入の理由の一つは、隣国ロシアとの関係への配慮である。

現大統領のサウリ・ニーニストは、フィンランドはロシアとの国境線がヨーロッパで一番長いので、兵役が必要だと言ったことがある。「ロシアとの国境線がヨーロッパで一番長い」は、しばしば聞く言葉である。また、ニーニストは、自分は兵役に行って、全国各地から来た人と知り合うことができたとも言った。各地から来た人と知り合うために兵役に行く必要はないのだが、さまざまな方向から兵役を勧めようとする発言である。

フィンランドには、１９０１年に徴集兵から成る軍隊をロシアによって解散させられた過去がある。軍隊がないのは、国家として屈辱的なことだと感じられる。軍隊がなければ、主権国家、独立国家とは言えないのだ。小国意識も強い。

軍事産業の側面も忘れてはならない。フィンランドには、パトリアという武器製造、販売、輸出の会社がある。政府も出資し、２０１４年以降は政府所有になった会社で、戦闘エリアへの武器輸出を行っていることに対しては批判もある。

第七章　フィンランドの親は学校とどう関わるのか

非加入を許されなかった日本のPTA

2001年、東京都杉並区立の小学校に息子が入学し、PTA加入の申込書を受け取った。そこには、「加入する」と「加入しない」の2つがあり、私は「加入しない」に○をつけて提出した。1週間ほどたって、副会長と名乗る女性から電話があり、冷ややかな口調で「全校で加入しないと言っているのはお宅だけ」で、「加入しないなら、お子さんはPTA主催の催しに参加できません」と告げられた。

加入しない理由を聞くこともなく、懐柔しようとすることもなく、ためらいもよどみもない冷たい口調は、きっと前もって練習していたのだろう。有無を言わせない強い態度だった。加入を誘う時は、加入するとこういう良いことがありますよ、楽しいですよと誘うのが普通だろう。しかし、PTAでは、こういう悪いことがありますよ、お子さんはPTA主催の催しに参加させません、いじめますよという脅しが誘いのかわりなのだ。

知り合いの母親にこの話をすると、副会長を知っていて、彼女はそういう人ではない、立場上そう言わざるを得なかったのだろうと同情していた。その副会長は、以前、硬派の役員につるしあげを受けて、精神性の下痢に悩んだという。2年ほどたって、この元副会長に直接会う機会があった。加入の電話についての話はしなかったが、PTAに関する話になると、意外なことに、彼女は私の考えにうなずき、PTAはおかしいと思っていると言った。

後になってわかったのだが「PTA主催の催し」は、年に一度のクラスのお楽しみ会だけだった。PTAは、町内会や青少年育成委員会に従属させられていて、「町ぐるみ運動会」や「夏休み早朝ラジオ体操」などのお手伝いをする。あるいは、運動会など学校の行事、用事に動員されるのである。

息子の小学校では、PTAの退会も認めていなかった。PTAが給食費を集めて管理しているので、非会員がいると迷惑ということが、理由の一つである。給食費は、学校が集めるべきものではないか。また、非加入だと、非常時の集団下校に入れてもらえないという話もあった。最近のケースでは、親が加入しないと、子どもに卒業式のコサージュや紅白まんじゅうをあげない、学校の情報を知らせないなどの嫌がらせが、日本各地でされているという。

結局、PTAには加入した。息子がいじめられたり、嫌な思いをしたりするようなことがあって欲しくなかった。

弁護士の必要性

息子のクラスには、委員長、副委員長、広報委員、文化教養委員、スポーツ委員の役職があった。

区のレベルでは、杉並区立小学校PTA連合協議会（杉小P協）があり、7つの分区に分けられていた。各分区の中に、分区長、役員、総務専門委員、学級専門委員、地域専門委員、広報専門委員があり、毎年ローテーションする。さらに、杉小P協全体としては、会長、副会長、特別委員長、総務専門委員長、学級専門委員長、地域専門委員長、広報専門委員長、会計、庶務などの役職があり、やはりローテーションで担当する。

会長の話では、2001年まで杉小P協に加入していない小学校は一つあった。それは、杉並区で最初にＰＴＡを作った小学校で、最初に杉小Ｐ協から脱退した学校でもあったという。しかし、２０００年夏に、プールで子どもが死亡する事故があり、その補償をめぐる交渉のために、杉小Ｐ協へ加入せざるを得なくなったという。それまで、区の教育委員会に陳情しても埒があかなかったが、「屈辱の思いで」２００２年度から再加入し、杉小Ｐ協として交渉すると全く対応が違ったという。

子どもが死亡した事故で、区のレベルのＰＴＡ連合に加盟していなければ、交渉できないなど、絶対にあってはいけない。ＰＴＡには、準拠する法律がないというのも普通ではない。ＰＴＡは、日本最大の社会教育団体、かつ地域組織と言われ、現在、９００万人近い会員がいるとされる。巨大な国家組織なのに、組織を律する法律がないのだ。

最近は、ＰＴＡ加入が実は任意であることを周知する動きがある。それは、２０１０年、民主党政権時代に起きたことである。しかし、非加入の親・保護者が増えることを恐れて、知らせたがらない傾向も見られる。ＰＴＡと学校が別組織であるということも、最近知られるようになったことである。

息子の小学校で、会長経験者の女性はＰＴＡをどうにか改革したい、メンバーの意識を改革するために、活動している人を講師として呼びたい、アメリカンスクールではどんなPTA活動をしているのか勉強したいと強く思ったという。しかし、教育委員会から改革は困ると言われたと話してくれた。会員が充分な知識を得る権利は、認められていないのだ。

私は、日本の学校に必要なのは弁護士だと何度か思った。町内会や青少年育成委員会、その他学校を取り巻く煩雑な組織はいらない。地域との協力もいらない。なぜなら地域が具体的に意味するのは、町内会会長や青少年育成委員会会長など、地元の名士的な人を指す場合が多い。杉並の学校では、それは複数の役を兼ねる同一人物だったり、またはその奥さんだったりした。地元で発言力を持ち、年輩、年上であるということが権威になり、PTAのお母さん達が敬語で接する関係になる。いじめ問題などの対応についても当然、素人だ。そうした点を考えると、弁護士は、一校に一人とは言わないが、少なくとも区のレベルでは必要だと思った。

フィンランドの保護者組織「親達の同盟」

フィンランドには「親達の組織」と呼ばれる保護者組織がある。学校とは別の任意の市民団体で、すべての学校にあるわけではなく、ない学校も多い。上部組織として「親達の同盟」という組織があって、相談に応じたり、助言、提言したりする。また、家庭と学校を支援するプロジェクトなどさまざまな活動を行っている。

2018年5月、インタビューのため「親達の同盟」の事務所を訪れた。ヘルシンキの中心エリアで、歴史を感じさせるアールヌーボー様式の建物の中にある。「親達の同盟」の前身である「家庭養育協会」は、1907年に創立された。当時の事務局長の住居を改装した、広々としたオフィスである。

通されたのは、リビングルームのような部屋で、窓と壁に沿ってコの字形にソファが置かれている。壁の色は濃い目のグレー。壁には、100年以上の歴史を持つこの組織の写真が、たくさん飾られている。コーヒーとクッキー、イチゴでもてなされた。

お会いしたのは、トゥイヤ・メッツォさんとアンリ・レヴェーラハティさん。スペシャル・エキスパートという肩書のメッツォさんは20年、組織活動エキスパートのアンリさんは8年、「親達の同盟」で働いている。とてもフレンドリーで、エネルギー溢れるお二人である。現在、10人のスタッフがいて、同盟長を含む女性8人、男性2人の構成である。そのうち6人がパーマネントのポジションで、4人は、3年間のプロジェクト

「親達の同盟」のトゥイヤ・メッツォさん（左）とアンリ・レヴェーラハティさん（右）。

の助成金を得て勤務している、任期付きのポジションである。

「親達の同盟」を運営するための経費であるが、その90％は、宝くじの収益金から来ているという。宝くじの収益は、社会福祉保健関係、文化・芸術・学術、スポーツ、青少年関係、馬術や馬のスポーツ競技などに使われる。また、教育庁といくつかの財団からも少し予算を得ている。毎年、申請する必要があるが、ネットで行うので、手間はかからない。「親達の組織」には、会費を取る所と取らない所がある。会費を取る組織があっても、全額、自分達の活動のために使う。その一部が「親達の同盟」に〝上納金〟として流れることはない。会計報告は、毎年出している。

加入率は10％程度

さっそく、お二人の話に入ろう。「親達の組織」は、保育園から高校まで作ることができる。必要があれば作る任意組織なので、作っていない所も多い。「親達の同盟」のホームページは、組織を作る際の参考として、モデルとなる規約を掲載しているが、このような活動をすべきというような指示は出していない。親・保護者が、その時点で必要と考えること、関心のあることを行っている。親が学校に関心を持ち、学校と関わることが重要で、それをどう行うかは自由である。

現在、フィンランドの約78％の小中学校で、定期的に「親達の組織」の活動、あるいはそれに相当する活動があるという。つまり、「親達の組織」はないが、親が何らかの活動を行っている学校もある。

「親達の組織」がある学校に子どもが入学しても、親は自動的に組織の会員にはならない。加入できることは知らされるが、勧誘はなく、まして強制されることはないという。私は、会員だったことは一度もないが、会員になれと言われたことはない。

より詳しくは後述するが、「親達の組織」の約40％は、法人として登録され、組織法に準拠している。それは、会員名簿の作成を義務づけているが、情報を渡したくない親もいるため、必ずしも作られていなかったり、作られていても会員全員を記載していなかったり、情報が欠けていたりする。また会員名簿は、「親達の同盟」には来ないので、個々の組織の会員数は、わからない。組織によっても異なるが、会員数は多くて30人位だろうとのことである。フィンランドの学校の生徒数は、学校によっても異なるが、多くて30人位というのは、割合にすると恐らく10％程度の加入率になると思われる。ＰＴＡの発祥の地・アメリカでも、加入率は約20％と言われる。

名簿はなくても活動できるので、実際には問題はないという。また、親が会員かどうかで、子どもを差別したり、子どもへの対応に影響したりすることはない。フィンランドでは、いかなる理由であっても法律で差別が禁じられている。まして、保護者組織は、関心のある親が任意で子どものための活動を行うので、親も子も全員歓迎である。関心のある催しやイベントだけに参加して、他のことはしない人も多いが、それも問題ないという。私も、会員だったことはないが、「親達の組織」の集いやバザーには行っていた。

活動は強制ではなく「提言」

「親達の組織」は、家庭と学校のコミュニティ的な繋がりを作ること、子どものウェルビーイングを高めること、一緒に活動することなどを第一の目的とする。学校は、学習のためだけにあるのではない。子ども達が、快適に過ごせるような環境作りが大事である。校庭でバーベキューをしたり、スポーツや音楽のイベントを開いたり、クラスで、近場への遠足に行くこともある。フィンランドでは、学校行事が少ないので、親がボランティアでこうした活動を行うことで、良い環境作りに加わることができる。

保護者向けの活動としては、「親達の夕べ」がよく開かれている。仕事を終えて帰宅した夕方、親が学校に集まって、関心のあること、気になることなどについて話し合う。講師を呼んで話を聞き、その後、話し合うこともある。問題があって、何かを変えたり、影響を与えたりしたい場合も、「親達の夕べ」から始めることができるという。

最近は「親達のチーム」を提言している。「親達のチーム」は、クラスでの活動で、先生や学校の様子を知り、関心を持ち、親同士が知り合い、家庭と学校の間の繋がりを作ることができる。クラスが、小さなコミュニティになり、安心と安全のネットワークになるという考えである。

「親達のチーム」として構想しているのは、1クラス（20〜25人）の中から、3〜6人の親を中心に、活動を行うアイデアである。任意でいろいろな活動を企画、主催する。具体的には、物語を子ども達と一緒に読む「お話クラブ」、料理、自転車の手入れや修繕、遠足などがあるという。そのための、役割分担と定期的なミーティングを行う。

「親達のチーム」は、移民の子どもにも配慮している。異なる環境での学校生活の支援、フィンランドで学校と家庭の間の連絡に使われているネットシステムの使い方の支援、移民の親支援などを行っている。アルバニアのお話クラブなど、移民の子どもの出身国に関するものもある。

「親達のチーム」のような活動は、日本でもされているだろう。しかし、フィンランドでは、これがクラスで提唱されている活動で、他に活動や動員はなく、ややこしいことは何もないという点が異なる。

会費のある、なし

「親達の組織」には、会費がある所とない所がある。会費がない所では、お金が必要になると、バザーや募金を行う。

過去には「親達の組織」が募金に熱心だったことがあった。不用品や手作り品、家で焼いたケーキやクッキーを売ったりするバザーや、景品付きくじ引きなどの活動である。クラスの遠足などの費用にあてた。また得たお金で、学年の終わりに、子どもに報奨金を出すこともよくある。50ユーロ（6500円）、100ユーロ（1万3000円）など金額はさまざまだが、「みんなと仲良く遊んだ」「勉強をがんばった」などの理由で、数人の子どもにお金をあげる。「親達の組織」の会員の子どもかどうかは、関係ない。

報奨金は、何かに秀でた少数の子どもへのご褒美なので、すべての子どもに平等な待遇ではない。それは、平等を強調するフィンランドの教育の考え方に合わないようにも見える。フィンランドの教育の考え方は、すべての子どもに平等な出発点を与えることだが、子どもはそれぞれの方向に成長していく。

現在も募金活動をしている所があるが、それは主要な活動ではないという。学校が、お金を欲しがることもたまにあるが、お金を出す必要はない。メッツォさんによると、「親達の組織」の会長から以前電話相談があった。ある小学校の校長が、学校の口座への入金を求めているが、そういう必要があるのかどうかの問い合わせである。地方自治体が財政難で、子ども達にタブレットを買えないので、「親達の組織」からの金銭的援助を求めたという、とても珍しいケースである。フィンランドでは教育は無償なので、学校が出費を要求する権利はなく、親が出費する必要はないと説明したとのことである。

負担の軽い組織

「親達の組織」には、役員がいる。会長、副会長、書記、会計、活動の監査役である。会長と会計は、兼任できる。役員数は4人から最高12人までである。役員会は、年会の他、秋学期と春学期にそれぞれ月に一度、合計4回程度のミーティングを行う。年会は、8月に新学期が始まった後の9月が多く、1年の計画や予算について話し合う。学期中のミーティングは、必要に応じて行うが、実際に会わず、ネットで行うこともある。ミーティングの回数、ネット上で行うかどうかなどは、それぞれが自由に決めている。ミーティングの議事録、会計記録、年間の活動記録は残している。前は、印刷してファイルに入れていたが、最近は、「親達の組織」のホームページやクラウドに保存し、関心のある人がアクセスできるようにしている所が多い。

つまり、役職数は、学校全体で上記の5つである。役員会議は多くて年に10回程度で、ネット上ですませることもある。非常に負担の軽い組織である。したいと思うこと、する意味があると考えることを有志の親がする任意組織で、行政による指導や干渉はない。

「親達の同盟」のホームページには、「親達の組織」を作る場合、モデルとなる規約が載せられている。まだ作っていないケースも多いことを示すものだが、そこで、組織の目的と活動は次の様に書かれている。

・子どもと親、学校の間の関わりと協働を増やす。
・健康で安全な学習と成長、ウェルビーイング増強のために、家庭と養育環境を支援する。
・学校、教育、養育に関する事柄についての親の視点を示す。
・親たちが協働し、支え合い、影響を及ぼすフォーラムにする。

最近、「親達の組織」の、地方自治体内部でのネットワーク化が少しずつ進んでいるという。たとえば、ヘルシンキには2018年8月現在、101の市立小学校と24の私立・国立小学校がある。そのうちの約80校が「ヘルシンキの親達の組織」という連合組織に加入していて、市の単位でまとまって希望を伝える、市のワーキンググループに参加するなどの活動をしているという。ヘルシンキは、人口65万人弱の市で、区という制度はない。市の連合は、東京の区連合に相当すると考えられる。それが最近作られ始めたということである。

前身は家庭養育協会

「親達の組織」の歴史に、手短にふれたい。その前身は、1907年に創設された家庭養育協会である。創設者は、牧師や国民学校の先生など数人で、特に地方の農民や、あまり教育を受けていない層による子育てを懸念して、母親を対象に啓蒙と教育活動を行なった。村々を訪れて人々に語りかけ、子育てや教育に関する手引き書を出し、1912年から64年まで機関誌『ホーム』を発行した。

創設者の中で、中心となったヴィルホ・レイマ（1867〜1948）は二児の父で、国民学校の先生や視学を務め、2つのフォークスクール創設にも関わった。1907年から09年はフィンランド人党の国会議員を2年務めている。フィンランドで、19世紀後半に盛んだった禁酒運動を進めたこと、母の日をフィンランドに導入したことでも知られる。キリスト教や啓蒙主義の思想を持って活動した人物である。フィンランドで、女性や家庭に関わる組織の創設者や中心人物は、圧倒的に女性が多い。家庭養育協会の創設には、女性も関わっており、初代会長は女性だったが、レイマが22年間にわたって事務局長を務めたことは例外的と言える。

1964年から1973年の間、家庭養育協会の活動は停止していたが、家庭と学校の間の協働という役割が再発見され、1974年から「親達の組織」として活動を再開。「親達の同盟」も同年創設された。その目的は、「親達の組織」の活動を支援することである。

いじめ対策にも積極的

個人的に、「親達の同盟」に電話をかけてくる場合は、いじめに関する相談が多いという。前述した「キヴァ・コウル」のプログラムは、フィンランドで広く使われている。いじめの予防、インターアクションや社会的スキルの発達、誰も仲間外れにならないことが大事という考えは、「キヴァ・コウル」と共有している。さらに、他にもできることがある。いじめ防止の活動は積極的に進めていて、この2~3年のものとして「友達キオスク」と「友達ベンチ」があるという。

友達キオスクは、校庭の一隅に建てられた、キオスクのような小さな小屋である。休み時間に、6年生が交代でそこにいて、遊び相手になってくれる。縄跳びや、棒馬などの遊具を借りることもできる。知らなかった子と出会ったり、挨拶したり、話をしたり、一緒に遊んだりして、一人ぼっちにならない。すべての学校にあるわけではないが、2人の先生のアイデアで始まった試みだという。

友達ベンチは、カナダの学校のケースから得たアイデアである。校庭にベンチを置く。子どもたちが、ペンキでカラフルに塗ったものもある。休み時間、一人ぼっちで遊ぶ相手がいない、することが無い、遊びに入りたいが、入りにくい時などベンチに行く。そこで遊び相手を見つけたり、誰かが声をかけてきたり、誘いにきてくれたりするという。

また、「親達の同盟」には、「学校の平和」というプロジェクトがある。マンネルヘイム子ども保護同盟、警察、教育庁との共同プロジェクトで、30年近く続いている。「学校の平和」の目的は、学校全体のウェルビーイングを強化し、いじめのない安全な学習環境を作ることである。一人ひとりが大切なメンバーであると、子どもが感じる環境作りをめざして、子どももアイデアを出し、計画に参加、実現している。

このプロジェクトは、毎年、新学期の初めに場所を変えて「学校の平和マニフェスト」という催しを行っている。2018年8月は、ヘルシンキ近郊ヴァンター市で行なわれた。大きなホールで、子どものバンドの演奏、歌、コメディアンのパフォーマンス等が披露された。保育園児も招待されていて、音楽にあわせてステージで踊っていた。司会も進行も中学生か高校生と思われる年齢の子ども達で、女生徒が多い。途中で男女生徒による、大統領へのインタビューがビデオで流された。影響を与えることや、いじめの問題についてのインタビューである。

「あなたも影響を及ぼせる」が、毎年行われるこの催しに共通の標語である。新学期の初め、新しい1年の平和に向けて気持ちを高めるイベントで、ニュースでも報じられた。

このようにいじめのない環境を作るために、具体的な方法で、真剣に取り組んでいることが感じられる。しかし、防ぐ努力をしていても、いじめが起きる事はある。「親達の同盟」は、隔年で小中学校に「学校健康アンケート」を実施し、いじめについての調査、フォローをしている。それは、資料や統計になって、いじめ防止対策に取り入れられていくという。

障がいのある子、移民の子らへの支援

「親達の同盟」は、常に複数のプロジェクトを進行させている。現在「家庭、学校、第三セクター：特別な子どもと家族の学校への参加」というプロジェクトが進行中である。「特別な子ども」は、障がいがあり、支援を必要とする子どもを指す。このプロジェクトは、オウル市での特別の子どものためのプロジェクトである。同盟が得た前述の予算の一部を、研究費として使うこともある。たとえば、このプロジェクトでは、2016年に学校でのバリアフリーに関する修士論文が書かれている。

もう一つは、「家庭メンター（助言者）のプログラム」と呼ばれるプロジェクトで、移民の子どもと家族のための支援を一部地域で行っている。フィンランドの学校に慣れる、子どもの学校生活を支援する、親の学校と教育への関心を高める、多文化への肯定的な態度を進める、多文化の知識とスキルを具体的に支援すること等を目的にしている。

子どもと親の声を聞く

子どもの権利も「親達の同盟」の大きな関心事である。子どもには、意見を言う権利、自分に関わることがらについて影響を与えることができるという原則は、「親達の同盟」

も共有している。子どもも参加する活動は、子どもの意見を聞いて行っている。

子どもは、大人がする質問にすぐ言葉で答えるとは限らない。子どもの声を聞く方法として、童話、シンボルのカードを使う、絵を描く、写真を撮る、質問票に書き込んでもらう、デジタルな方法で聞く、インタビューする、ワークショップなどで聞くなど、様々な聞き方を提唱している。

また、バロメーターという名前で、3年おきに親を対象にしたネットアンケートをとっている。2018年5月現在、「バロメーター2018」のアンケートが、ネットに掲載されている。フィンランドのオーボ・アカデミー大学と共同で、保育園と小学校の子どもを持つ親へのアンケートである。

多言語のアンケートで、フィンランド語とスウェーデン語の他、英語、ロシア語、エストニア語、アルバニア語、ブルガリア語、ボスニア語、アラビア語、ソマリ語、ペルシア語、クルド語、スワヒリ語、ベトナム語で質問があり、回答ができる。フィンランドには、さまざまな民族的バックグラウンドを持つ子ども達が学んでいる。そうした少数派の声も聞き取ろうとするアンケートである。学校の教育への満足度、新しい教育計画、家庭と学校の協働、親の参加などについて50の質問をしている。

2015年のアンケートは、「バロメーター2015」としてペーパーで出されている。1795人から回答を得て、様々な統計と親の声が寄せられている。

行政に影響を与えるための活動

「親達の組織」は市民団体なので、現在の状況や政策に影響を与えるのは重要な役割である。たとえば、給食に関しては、食材などをチェックし希望を出す。通学路に危険な場所がある場合、車の走行速度をおとしてもらう。校庭の照明を増やすよう求めるなどである。自治体の動きが遅い場合は、照明会社と提携することもある。ランゲージ・シャワーも、よく課題になる。ランゲージ・シャワーは、歌やゲームで外国語を学ぶこと。フィンランド語を母語とする保育園児・小学校低学年生が、スウェーデン語を学ぶのが普通のケースだが、希望があれば他の言葉の学習を要請する。

また、後述するが、学校内の空調の問題は、最近の大きな関心事である。こうした課題については、校長や先生、有力な市議会議員、市の委員会役員などをミーティングに呼んで話し合っているという。

小中学校では、教科書と教材が無償だが、高校と職業学校では、教科書と教材を自費で買う必要がある。「親達の同盟」は、その無償化を現在求めている。それは、セーブ・ザ・チルドレンをパートナーにして行っているという。セーブ・ザ・チルドレンは、子どもの権利向上のための国際的なＮＧＯで、フィンランドにも支部がある。

「親達の同盟」は、さまざまな市民団体をパートナーにしている。セーブ・ザ・チルドレンの他、フィンランド家族連合、高校生同盟、マンネルヘイム子ども保護同盟、児童保護中央同盟、職業学校生徒団体、校長同盟、地方自治体同盟、学校心理学者の組織、社会保健関連の組織など幅広い。フィンランドは、市民組織が非常に多いと言われる。政党、職業的集団、さまざまなレクリエーション・趣味・スポーツの組織、文化的、社会的、慈善活動の組織など多様である。「親達の同盟」と「親達の組織」もそれらと同等の立場にある市民組織である。

日本では「学校・家庭・地域」と言われるが、フィンランドで地域という概念は希薄で、教育には関わらない。関わるのは、上記のような専門的な組織や団体で、「親達の同盟」と協働している。

メッツォさんから、個人的な経験としてヘルシンキ、カッリオ地区での運動の話を聞いた。90年代末から2000年代初め頃、子どもが通う小学校廃止の計画が持ち上がり、「親達の組織」で、複数の討論会を開いた。また、親と子どもが、一緒に反対デモを行った。その後も廃止計画が浮上したが、学校は現在も続いている。これは、親の活動の典型的な例だという。他のことにはあまり関心のない親も、学校廃止の計画には反対して立ちあがり、行動に加わるという。組織の会員ではなくても、こうした活動をするということである。

2018年2月には、ヘルシンキ近郊エスポー市の小学校廃止に反対する親のデモがニュースで伝えられた。フィンランドでは、市民の権利と活動の一環として、学校に関するデモが普通に行われている。また、付け加えると、デモを行う場合、許可を求める必要はない。憲法第13条は「すべての人に、許可を得る事なく集会とデモを行う権利、それに参加する権利がある」としている。

「親達の同盟」のホームページには、地元で影響を与えるための方法が次のようにまとめられている。「親達の組織」へのアドバイスである。

・校長、教職員、生徒会に連絡する。

・地方自治体の動きをフォローする。
・学校と地方自治体の質問やアンケートに答える。
・教員、校長、要職にある市の職員や役員を、「親達の組織」の会議に招く。
・学校に関する事柄の決定をしている人にコンタクトをとる。
・他の親や共同で活動している人に状況を知らせる。
・ネットワークを作る（生徒会、他の「親達の組織」、市の役員、市民組織、職業的組織、住民組織など）。
・地方自治体の公聴会やフォーラム、ワーキンググループなどに参加する。
・課題について、ワーキンググループ形成を提案する。
・話し合い、交渉、アイデアを出し合う場を作る。
・問題について、アンケートや調査を行う。
・すでに決定されていることが及ぼす影響を評価する。
・公にする（ソーシャルメディア、ブログ。新聞やその他、メディアへの投稿。ネットで公表する。デモを行う。広場でキャンペーンを行う）。
・役所に要求する。

・市の戦略、子どものウェルビーイングの計画、地方自治体や学校の教育計画、学校の報告などに対する意見書を公表する。
・地方自治体住民イニシアチブを行う。
・市の決定に不満を表す（訂正を求める、カンテル）。
・学校ストライキを行う。

ここでは、積極的に働きかけ、影響を与えるための方法が、最終的にはデモや学校ストライキに至るまで、細かく示されている。

地方自治体住民イニシアチブは、住民や組織が自治体に発案、議案を提出する権利である。また、カンテル（kantelu）は、市民が、行政機関の手続きや決定に不満や苦情を申し立て、再考を求める制度である。こうした制度は公式なもので、その方法や手順を知ることは容易である。

日本のＰＴＡでは、何か不満があっても、それをどうすればいいのかがよくわからない。どこに責任があるのか、あいまいにされているし、異議申し立てをする方法も教わっていない。その結果、「仕方ないんだ」「こういうものなんだ」「みんな、我慢してるんだ」「日本ってこうなんだ」といったあきらめの心境に落ちていく。問題について話し合う習慣、問題を訴える方法、思考回路がないので、そういう方向に向かわざるをえない。さらに、「私はしているのに、あなたがしないのはずるい」「私はしたんだから、あなたがしないのは許せない」というように、目の前にいる親に敵意をむき出しにする。PTAを現在のような形で維持させているのは行政の力なのだが、それは完全に透明化していて、怒りが行政には向かわない仕組みになっている。

「親達の同盟」は、上記の学校ストライキに及ぶまでの行動を起こす時の戦略も助言していて、次のことを考慮に入れ、交渉することを勧めている。

「自分の主張を根拠づけて議論することが大切。法の規定（基本教育法、子どもの権利条約、地方自治体法など）、政府のプログラム、地方自治体のプログラム、教育計画、研究成果、学校の保健アンケート、地方自治体の比較の統計、社会的価値、伝統、子どもの利益、専門家の意見、自分の専門的知識、観察、一般的意見、有名人の意見」

ここにも、知識を広く伝えて、市民を啓蒙しようとする啓蒙主義的態度が感じられる。

学校ストライキ

学校ストライキとはどういうものか、「親達の同盟」で聞いてみた。

ストライキは、奨励しているわけではないが、情報としてホームページに掲載しているという。学校ストライキで検索すれば、さまざまな例が出てくると教えてくれた。見てみると、8万2300件がすぐ出て来た。フィンランドでは、幅広く行われていることがわかる。2018年9月には、フィンランド南西部のポリ市で、空調問題を訴えるストライキがあった。

学校ストライキは、親の要求があるのに、自治体の対応が遅い時など、校舎の改修や建て替えを早急に求めて、「親達の組織」を中心として行うという。大体、2～3日である。最近は、学校の空調の問題に関するものが多い。空気清浄設備がなく、70年代頃建てられた古い校舎だと、空気の質が悪い。また、壁の内部で水漏れし、カビが生えることがある。こうした問題は、子どもと教職員の健康を害する。症状には個人差があるが、気管支炎、目のかゆみ、風邪のような症状が続くことが多い。

学校ストライキでは、子どもは学校の中に入らない。親と子どもが、学校前でデモンストレーションする。ディスカッションを行う。地元の新聞などに連絡を取って、学校の問題とストライキについて掲載してもらう。こうした行動を起こすことによって、自治体の対応を早めることができるという。平均すると、一年に1校位がストライキを行っているようだ。その間、子どもは、家で自習を行う、親たちがネットを使う、などして代替となる学習の機会を提供することもあるという。

学校の役員会

影響を与えることの次には、決定に関わることが来る。

個々の学校には、役員がいて役員会がある。学校の役員会には、「親達の組織」の役員や普通の親も加わっている。学校の役員になるために、「親達の組織」の会員である必要はない。現在、平均すると学校の役員会の約20％が親・保護者だという。親・保護者がいることによって、その心配や希望、親から見た問題点などを直接伝えられ、意見が取り入れられやすい。親の実際の経験に基づくもので、そこには子どもの視点も入っている。ただし、すべての事柄について役員会が決定権を持つわけではなく、どういうことについて役員会が決定できるかについては、自治体の規定がある。

また、「親達の同盟」は、国のレベルの諮問委員会やワーキンググループに参加し、子どもと親の声や意見を伝えて、助言や提言を行っている。２０１８年は、国会が進めている幼児教育法改正についての意見を求められた。メッツォさんは、２０１０年に教育文化省に提出された報告書「基礎教育２０２０　国全般の目標とカリキュラム」の作成に専門委員として参加している。

登録と法人化

「親達の同盟」に加え、約40％の「親達の組織」は、登録された組織で法人である。登録するのは、特許登録庁である。日本の特許庁のようなところで、トレードマークやデザイン、発明したアイデアや商品などの特許を取り、著作権を持てる。それに加えて、市民組織を作った時は、ここに登録することによって法人になる。ただし、登録は義務ではなく登録しなくてもよい。登録しない場合は、法人にはならない。「親達の組織」もすべてが法人ではない。フィンランドの憲法第13条は、結社の自由を保障していて15歳以上、３人以上の人で市民組織を作ることができる。ただし、組織法第1条は、「目的とするものが、法律、或いは良識に反してはならない」としている。

特許登録庁のホームページには、次のような説明がある。

「結社の自由は、許可を求めずに組織を作る権利と、組織のメンバーになる権利を意味する。また、結社の自由は、加入しない権利、いつでも希望すれば辞めることができる、退会する権利も意味する。フィンランドで組織は、内部の活動の自由を持つ。それは、法律の枠組みの中で、組織の規約を独立して制定する権利を持ち、活動の内容を決定する権利を持つ」

そこには、登録している組織としていない組織があり、組織を作ったからといって、登録しなければならないわけではないことも説明されている。ただ、登録していてもいなくても、当然「結社の自由は、加入しない権利、（略）退会する権利」を含む。フィンランドで、入会の強制や非加入への嫌がらせなど、日本のＰＴＡでよく聞くような問題が起こらないのは、こうした原則が広く知られているからだろう。

法人は、簡単に言うと権利と義務を持つ組織である。法人になると、法的・経済的に独立し、契約を結ぶ、助成金を受ける、財産や不動産を所有する、銀行口座を持つ、福引きの抽選や募金等ができるようになる。会長を選び、年会を開き、会議で決めたことを役員が実行。会長と役員は、メンバーのための決定と活動を行う権限を得る。また、規約を持ち、普通12ヶ月の会計期間を持つ。また、メンバーは、組織の活動に参加する、投票によって組織の決定に参加する、組織の活動をチェックする権利等を持つ。

「親達の同盟」は、法人になった方が、組織は確固としたものになり、お金の使途が明確化し、決定がオープンで民主的になるとしている。

一方、法人ではない組織には、法的権利と義務がない。先にあげたような、契約を結んだり、財産を持ったりはできない。組織と活動の形はゆるやかで、組織の責任者が誰か、誰にコンタクトをとったらいいのか、等がわかりにくい。「親達の同盟」は、活動が短期間で、経済的に小規模なものに向いているとしている。

ただ、「親達の同盟」に加盟するには、「親達の組織」が法人登録している必要がある。加盟金などはないが、法人登録したものだけが、「親達の同盟」のメンバーになり、その役員として選ばれる資格を得る。「親達の同盟」の役員会は、会長、副会長、役員9人、副役員9人から成る。この役員会のメンバーは、「親達の組織」の役員、またはアクティブな会員の中から選ばれる。地区代表という考えはなく、個々の「親達の組織」の中から選出される。

フィンランドの小中学校の約40％の「親達の組織」が、「親達の同盟」に加盟している。

しかし、登録していなくても、「親達の組織」の会員ではなくても、関心があれば「親達の同盟」が開くセミナーやイベントに参加することができる。

「子どものため」とは何か

このインタビューで、「子どものため」という言葉を何度か聞いた。それは、日本のＰＴＡでもよく聞く言葉である。でも、同じ子どものためと言っても、２つの国の保護者組織の活動とその背景にある考えは、見事にかけ離れている。逆方向を向いていると も言えるだろう。フィンランドでは、学校生活のウェルビーイングを高めようとして、子どものために活動し、行政に影響を及ぼそうとする。日本では子どものためと我慢して、したくもない活動に参加させられる。親同士が「ずるい」などといがみ合い、入会しなければ子どもに不利益があると脅される。

保護者組織のあり方は、学校、またその国の教育のあり方と関連していると思う。日本の保護者組織も学校も教育も、今のようなものでいいのだろうか。日本のPTAの問題を解いていくには、比較や相対化が一つの方法になると思う。外国の保護者組織については、情報がとても少ない。ここで書いたことが、PTAを考える時の参考になれば幸いである。

第八章　フィンランドの母はなぜ叙勲されるのか

母の日が導入されたわけ

「ママ、はい。カード、作ったの」

「あら、ありがとう！」

息子は、母の日に学校で作ってきたカードをくれた。クレヨンでかわいい絵が描いてあって、「母の日おめでとう！　お母さんは世界一」と書いてある。お礼を言って受け取ったし、今もとってある。


でも、内心は少し複雑だった。母であることが軍事と結びついていた戦時のことが、頭をかすめるせいもある。フィンランドでは、保育園や小学校で「世界一のお母さん」という考えを指導しているようで、定型化している。

フィンランドで母の日の導入を進めたのは、前述したように家庭養育協会のレイマである。

母の日は、アメリカで始まったとされる。アメリカ滞在中、レイマは、その「美しい習慣」に触れて、1918年の内戦で政治的に分断された国を、母への感謝を通じて統合しようと考えた。同年、家庭養育協会の機関雑誌『家庭』に掲載された「母達のために」は、母の日を提唱する初期のものの一つである。それは、内戦というトラウマを経たすべての母達を、母の日の英雄とすることを提案している。「すべての」というのは、「敵の」母も含むということである。「敵」というのは、労働者階級、社会主義・共産主義者等の赤軍である。彼女たちは、心を惑わされたり、強制されたりして、そうした誤った思想を持ったのである。しかし、敵の母にも母の心があり、息子達を慈しんで育てたのだから、その悲しみと苦悩に対する慰めや支え、人生に対する新たな希望、また国によるケアが必要である。温かい家庭的な催しで、母を統合し、過ちを正すことができるとレイマは主張した。

これは、「敵」に対する当時の中流、上流階級のフェミニストの態度に比べると、寛容なものである。

1930年から雑誌『家庭』では、毎年4月号で「母の日特集」を組むようになった。実際の母の日は、5月第2日曜日なのだが、それに先んじて母の日を特集する。また3月号には、コラムで翌月は母の日特集が出ることが予告され、母の日を忘れず祝うよう示される。さらに、5月号、あるいはやや遅れた号に各地で行われた母の日の催しが写真入りで紹介される。つまり、3月号から長ければ6月号まで、母の日に関する記事が載る。母の日が社会的に定着してくると、今度は母に対する感謝は年に一度の母の日だけではいけない、日常的に感謝の気持ちを持っていなければいけない、などの記事も出てくる。

白軍と赤軍の溝

フィンランドで母の日は、当初は白軍のお祝いだった。内戦後、赤軍の女性たちは、養育者として不適格という烙印を押されており、孤児になった赤軍側の子どもたちの多くは、白軍の家庭に養子に出されていた。また、労働者階級の女性にとっては、母の日よりもメーデーや国際女性デーの方が重要な関心事だった。しかし、1920年代になると母の日に対する態度が変化し、社会民主主義労働者女性連合が1929年に母の日を祝う決定を行い、いくつかの地方支部でお祝いの催しを開くようになった。

しかし、中流、上流階級の女性のフェミニスト組織は、共同のお祝いを持つことは望んでおらず、労働者層の女性たちは、彼女たちにふさわしいお祝いを別個にもつべきと考えていた。母の日が、思想上の亀裂分断を超えた制度となるのは、冬戦争（1939年）の戦没者の母達を慰めるようになってからである。ソ連という外部の敵を得た冬戦争によって、国内の思想上の争いが二義的なものになった。さらに息子達の戦死によってフィンランドの母達は統合されていった。

継続戦争下の1942年、母の日に際し「フィンランドの母達へ」と題された、フィンランド軍総司令官マンネルヘイムによる有名な通達がある。やや長いが、引用しよう。

「あなた達母を思い、胸に深い愛情と誠意を抱いて、父の国を防衛する者たちは戦場で沈黙する。あなた達は、この国に多くのものを与えた。あなた達は、その働きのおかげで、この国が自由であることができる世代を揺り籠から育て上げた。この解放のための戦いの間、あなた達は、家庭で父の国のための新しい世代を育てた。その世代が、現在の世代よりも平和な環境において、この国を豊かにすることを望もう。あなた達は、この戦いの年月を労働と祈りによって、国防のために立つ息子達と娘達を支えた。試練の時、あなた達は愛する者達を国のために捧げなければならなかった。あなた達の恵みは、戦場の子ども達にも届き、彼らに父の国救済と平和継続のための英雄的な力を与えた。父の国とその将来のために英雄として、最愛の者達が命を犠牲にした、フィンランドの母達に今日、感謝と深い哀悼の意を表したい。私達の戦いにとって、あなた達の仕事のすべては、途方もなく大きく、あなた達の犠牲は計り知れない。フィンランド軍の名において、大きな感謝と敬意を示すために、今日、父の国の母達すべてに捧げられた、自由の十字勲章を与える。それが、子ども達に燃えるような自由への意志を育てる、母の聖なる天職のシンボルであるように。それが、多大な犠牲を払って得られる、我が国の独立と国民の内的な偉大さを永遠に証すものであるように」

ここに階級間の対立の影はなく、「フィンランドの母達」という均質な制度のみが存在する。また、国の独立は、戦争と犠牲によって得られること、国防を担う息子と娘を育てた母は感謝と敬意を受けることが述べられている。

模範的な母に与えられる勲章

この時与えられた「自由の十字勲章」は、四位のものである。この通達は台紙に貼られ、勲章を付けて全国の教会に送られ、そこで額に入れ、壁に飾られた。それは、今日でも、フィンランドのほとんどすべての教会で見ることができるという。戦後建てられた教会にも、飾られている。国家が表す最高の敬意は、勲章や国旗掲揚である。フィンランドの母の日は、母が最高度の敬意を示される日、晴れがましい日である。

１９４２年以降、母の日に大統領が模範的な母たちに勲章を与えるようになった。戦後47年から、母の日は正式な祝日になり、国旗が掲揚される旗日となった。母の日は、街中に国旗がひるがえる。42年の勲章は「自由の十字勲章」だったが、46年からは「フィンランド白薔薇勲章」が功労のあった母親に与えられるようになった。現在、与えられるのは一位の勲章である。従来は、子沢山の母に与えられていたのだが、それに対しては批判があり、90年代から対象を広げた。恵まれない子どもを養子にして育てた母、外国出身の母、少数民族の母、模範的な養育者、ケアの分野で功績のあった女性など、全国の地方自治体から推薦、選出された女性達である。フィンランドの社会的母性の考えで、母は、必ずしも産む母である必要はなく、母のような心を持って社会に貢献することが大事とされる。２０１８年には、30人の母達が叙勲された。母の日の叙勲は、必ずメディアで報道されるイベントである。

おわりに

今、息子は24歳。良識のある、心優しい青年に育ったと思う。仕事を持ち、事実婚をしていて、おしゃれな賃貸住宅に住み、さまざまな面で恵まれている。

息子は、フィンランドで教育を受けることができて良かったと思う。日本で3年過ごしたので、比較の視点を持てたことも良かった。息子に聞くと、フィンランドの学校で嫌だった人はいたけど、嫌だったことは思いつかない、特に高校が自由で良かったと言っていた。日本の学校については、小さかったのであまり覚えていないが、よくクラス毎に一列に並ばされたこと、皆で教室の掃除をしたことを思い出すそうだ。

親としては、フィンランドでの子育ては、ストレスが少なく楽だった。私は、受験勉強や偏差値、学力といったことに価値を感じない。学ぶことは、知的で楽しいことなのに、それが、画一的、権威主義的に行われるのは、とても残念なことだと思う。

フィンランドの教育がシンプル、かつ短時間で効率的なのは、合理主義やプロテスタンティズムの影響があると思われる。平等を強調するのは、社会民主主義やユダヤ・キリスト教の平等思想の影響があり、教育の考え方は啓蒙主義的だと思う。そうしたいくつかの系譜があり、さらに90年代からは子どもの権利を尊重する国連子ども権利条約の影響で、現在のような形になったと考えられる。フィンランドの教育は、民主主義やヒューマニズムなど「西欧的」価値の中に位置し、それを進めようとするものだ。ただし、系譜というのは、固定して動かせないものではなく、選びとっていけるものである。

また、平等、権利、ウェルビーイングを強調する教育の考えには、過去への反省がある。不平等で権利を持たず、不当な扱いを受けて、苦しみ悲しんだ子ども達、命を落とした子ども達が、たくさんいただろう。でも、そういうことは繰り返さないという反省と決意の上に、現在の教育が行われていると思う。

その国の教育のあり方というのは、そこだけ違っているわけではなく、全体の仕組みの中にある。フィンランドは政治的腐敗が少なく透明度が高い。大統領の権限を大幅に縮小し、権力の集中を防いでいる。立憲主義、三権分立、開示の原則、市民権、人権等は国家の重要事項である。

フィンランドで、国家と人は相似形だと思う。国家が独立し、自由で自立、自己決定権を持ち、不可侵であるように、人も独立し、自由で自立、自己決定権を持ち、不可侵である。人は、近代国家に付与される特徴を共有している。人と国家は、並んでいて共にある感じだろうか。また、共に権利と義務を持つ。政治への入り口は近く、保育などの身近な問題から政治に入って行ける。問題について議論する文化があり、市民イニシアチブや異議申し立ての制度が保障され、行政への参加と影響を及ぼすことが奨励されている。デモやストライキは普通である。

北欧は、税金が高いと言われるが、税金の不正使用や不透明な流用が少ない。払った税金は、さまざまな社会的サービスに還元されている。

フィンランドは、法律が浸透しているが、中央集権ではない。日本は、法律は浸透していないが、中央集権で全体主義への距離がとても近い。日本で、国家は人と並んで共にあるのではなく、人の上にある。しかし、国家と称していても、それを構成するのは人である。その人達は、相互の利害関係の中で、自分の利益を最大にしようとしている。

もちろんフィンランドにも問題はある。現在のフィンランドの学校教育は、シチズンシップ教育と言えるのだが、男性に兵役義務を課す。国防は、何か崇高で究極的な忠誠心の表れのような考え方、国家は、軍事によって守られるという考え方があるが、国民国家がそうした思想に基づいて構想されたということであり、自然なことではない。そうしたありかたも再構築されていくべきだと思う。

日本は、OECD諸国の中で教育への公的支出が低く、2018年は最下位である。学校のICT化も、国際的に見て非常に遅れている。精神主義が強く、合理化が進まない。

また、権利の教育を受けてきていないため、PTAのような組織にも抵抗しにくい。PTAは、学校に通う子どもを持つ親と保護者（主に母親）のみに関わる組織と思われやすいが、実は日本の社会や政治、歴史などに関わるより大きな問題を含んでいることは拙著『PTAという国家装置』でも指摘した。そうしたことを含めて、議論していけるといいと思う。フィンランドの保護者組織である「親達の同盟」のあり方は、そうした際に、ヒントとなるかもしれない。

フィンランドの教育がなぜトップクラスなのか。

またなぜ「幸福度」も世界一なのか。

本書が、それらの一つの答えとなり、また日本の教育のあり方について考えるきっかけとなることを願っている。

岩竹美加子

2019年5月

主要参考文献等

第一章

・朝日新聞デジタル「なぜ低い？保育士の給料『あと10万円は増えないと』」２０１８年５月９日付（https://www.asahi.com/articles/ASL4V4D7RL4VUTFK015.html）

・Anttonen, Anneli; Lea Henriksson; Ritva Nätkin. 1994. *Naisten hyvinvointivaltio*. Vastapaino.

・Elo, Satu; Ritva Tuominen. 2013. *Miina, Ville ja oikeudenmukaisuus. Elämänkatsomustieto*. Opetushallitus.

・Helsingin kaupunki. “Iltapäivätoiminta kouluissa”.（https://www.hel.fi/helsinki/fi/kasvatus-ja-koulutus/perusopetus/aamu-ja-iltapaivatoiminta/iltapaivatoiminta/iptoiminta-kouluissa/）

・*Helsingin Sanomat*. “Päivähoito ei ole ensisijaisesti lasten säilytystä vaan varhaiskasvatusta”.2018.2.11.（https://www.hs.fi/paakirjoitukset/art-2000005561392.html.）

・*Helsingin Sanomat*. “Opetusministeriö kokeilee maksutonta varhaiskasvatusta 5-vuotiaille”. 2017.2.4.（https://www.hs.fi/politiikka/art-2000005552533.html.）

・Opetushallitus. 2014. *Perusopetuksen opetussuunnitelman perusteet. 2014*.（https://www.oph.fi/download/163777_perusopetuksen_opetussuunnitelman_perusteet_2014.pdf）

・Opetus-ja kulttuuriministeriö. 2010. *Perusöpetus 2020, yleiset valtakunnalliset tavoitteet ja tuntijako Opetus-ja kulttuuriministeriön työryhmamuistioita ja selvityksiä 2010:1*.（https://www.luontokoulut.fi/download/tietoa/strategiat/tuntijakoesitys.pdf）

・Opetus-ja kulttuuriministeriö. “Uusi varhaiskasvatuslaki lausunnoille: lapsen etu keskiöön, henkilöstön koulutustasoa nostetaan”.（http://minedu.fi/artikkeli/-/asset_publisher/uusi-varhaiskasvatuslaki-lausunnoille-lapsen-etu-keskioon-henkiloston-koulutustasoa-nostetaan）

・Saarikangas, Kirsi. 1993. *Model Houses for Model Families: Gender, Ideology and the Modern Dwelling, The Type-planned Houses of the 1940s in Finland*. Finnish Historical Society.

・Tilastokeskus. "Työttömyysaste."（https://www.stat.fi/org/tilastokeskus/tyottomyysaste.html）

第二章

・「小学校学習指導要領解説　特別の教科　道徳編」（文部科学省、２０１７年）

・文部科学省『こころのノート 小学校１～２年』

・文部科学省「資料３ 学習指導要領における道徳教育の『内容』」（http://www.mext.go.jp/b_menu/shingi/chousa/shotou/053/shiryo/attach/1284537.htm）

・「高等学校学習指導要領」

・Honkala, Satu, et al. 2006. *Miina, Ville ja vintiöt : elämänkatsomustieto*. Opetushallitus.

・Honkala, Satu, et al. 2010. *Miina, Ville ja kulttuurin arvoitus : elämänkatsomustieto*. Opetushallitus.

・Honkala, Satu, et al. 2010. *Miinaja, Ville etiikkaa etsimässä : elämänkatsomustieto*. Opetushallitus.

・Vehmanen, Elisa; Milla Suvikas: Harri Peltomaa. 2016. *Lukion elämänkatsomustieto. Kurssi 1*. Opetusverkko.

第三章

・公益社団法人日本ＰＴＡ全国協議会、『いじめ対策に関する保護者向けハンドブック』（２０１５）

・Helsingin kaupunki. 2016. *Helsingin kaupungin peruskoulujen opetussuunnitelma*.（https://dev.hel.fi/paatokset/media/att/98/98ec73d9706f90dee70d443b6bf82bba32e321f7.pdf）

・*Helsingin Sanomat*. "Näin ehkäiset sitä, että lapsesta tulee kiusaaja". 2017.11.14.（https://www.hs.fi/elama/art-2000005447894.html）

・*Helsingin Sanomat*. "Koen, että pilasin kiusaamani ihmisen elämän". 2018.1.2. （https://www.hs.fi/elama/art-2000005510021.html）

・*Iltalehti*, "Hallitus esittää: Kiusaamisen ehkäisy kirjataan ensi kertaa lakiin" 2018.4.12. （https://www.iltalehti.fi/politiikka/a201804122200873244_pi.shtml）

・Kehitysvammaliitto. 2016. *Oppilaan oikeudet suomessa.*

・KiVa Koulu. "Mitä kiusaaminen on? Riidat ja erimielisyydet eivät ole kiusaaminsta". （http://www.kivakoulu.fi/mita_kiusaaminen_on）

・Laaksonen, Vilja ; Laura Repo. 2017. *Kaveritaitoja, Tietoa ja harjoituksia toimivan ryhmän rakentamiseen varhaiskasvatuksessa.* Folkhälsan.

・Mannnerheimin Lastensuojeluliitto. "Nettikiusaamisen ehkäiseminen". （https://www.mll.fi/ammattilaisille/kouluille-ja-oppilaitoksille/kiusaamisen-ehkaiseminen/nettikiusaamisen_ehkaiseminen/）

第四章

・Fogelholm, Mikael; Helena Huuhka, et. al. Terve! *Lukion terveystieto 2. Nuoret, terveys ja arkielämä.* WSOY. 2010.

・Kannas, Lasse; Pirjo Orkovaara, et al. *Navigaattori 3. Olen tässä. Yläkoulun terveystieto Kurssi 3.* Tammi. 2010.

第五章

・朝日新聞デジタル「奨学金破産、過去５年で延べ１万５千人　親子連鎖広がる」２０１８年２月12日付（https://www.asahi.com/articles/ASL1F7SBXL1FUUPI005.html）

・Opetushallitus. "Oppivelvollisuuden suorittaminen muulla tavoin". （https://www.oph.fi/koulutus_ja_tutkinnot/perusopetus/oppivelvollisuus_ja_koulupaikka/oppivelvollisuuden_suorittaminen_muulla_tavoin. ）

・*Helsingin Sanomat.* “Mitä ylioppilaskirjoitusten reaalikokeissa tänä vuonna Kysytään?”. 2018.2.20.（https://www.hs.fi/kotimaa/art-2000005562519.html ）

・Kela. “Opintotuki”（https://www.kela.fi/opintotuki）

第六章

・岩竹美加子、「市民と国民の間　フィンランドの国防婦人会ロッタ・スヴァールドをめぐって」、川村邦光編『文化／批評』春季号、2005年。

・BBC News. “Sweden brings back military conscription amid Baltic tensions”. 2017.3.2.（http://www.bbc.com/news/world-europe-39140100）.

・Norwegian Armed Forces. “Universal Conscription in Norway”.（https://www.defmin.fi/files/3825/BOTILLE_2017-06-12_Universal_Conscription_in_Norway.pdf）

・*Helsingin Sanomat.* “Miksi Jehovan todistajat välttävät yhä siviilipalveluksen, vaikka yhteisö ei enää kiellä sitä?”. 2018.2.24.（https://www.hs.fi/kotimaa/art-2000005581256.html）

・*Helsingin Sanomat.* “Valtiolla ei pitäisi olla oikeutta käyttää kansalaisiaan sotakoneistona”. 2018. 2.23.（https://www.hs.fi/kotimaa/art-2000005580367.html）

・*Iltalehti.* “Rehn avasi armeijan naisille 20 vuotta sitten”. 2015.2.2.（https://www.iltalehti.fi/uutiset/a/2015020119124909）

・Iwatake, Mikako. 2008. Kalevala Lotta Svärd –järjestön naiskuvassa. In Ulla Pielä, Seppo Knuuttila, Pekka Laaksonen, eds. *Kalevalan kulttuurihistoria.* Suomalaisen kirjallisuuden seura.

・*Kauppalehti.* “Elisabeth Rehn haluaa naisetkin maanpuolustukseen”. 2017.9.14.（https://www.kauppalehti.fi/uutiset/elisabeth-rehn-

haluaa-naisetkin-maanpuolustukseen/XHp3q9xj)
・Kinnunen, Tiina. 2006. *Kiitetyt ja parjatut: Lotat sotien jälkeen.* Otava.
・Patentti- ja rekisterihallitus. "Yhdistysrekisteri". (https://www.prh.fi/fi/yhdistysrekisteri.html)
・Puolustusvoimat. 2016. *Varusmies 2017: Opas varusmiespalvelukseen valmistautuvalle.* (http://puolustusvoimat.fi/documents/1948673/2015517/PEVIESTOS_varusmies2017pdf/0bf5b0a8-cd9f-4f48-ade2-131a154ac85d)
・Selén, Kari. 2001. *Sarkatakkien maa. Suojeluskuntajärjestö ja yhteiskunta* 1918-1944. WSOY.
・Sulamaa, Kaarle. 1999. *Lotta Svärd : Uskonto ja isänmaa.* Yliopistopaino.
・Yle Uutiset. "Näinkin voi suorittaa sivarin – Tuomas Siddall soittaa Kansallisoopperan orkesterissa". 2018.2.6. (https://yle.fi/uutiset/3-10059221)
・Yle Uutiset. "Kymmenisen totaalikieltäytyjää selvinnyt ilman tuomiota helmikuun jälkeen". 2018.12.8. (https://yle.fi/uutiset/3-10544195)

第七章

・Puro, Laura. 2007. *Vanhemmuus on valttia! : 1907–2007.* Suomen Vanhempainliitto.

第八章

・Mannerheim, Carl Gustaf Emil. 1942. Suomen äideille. *Lotta Svärd.* no.7.
・Reima, Vilho. 1918. Äitien puolesta. *Koti.* No. 2-3.

岩竹美加子　1955（昭和30）年、東京都生まれ。ヘルシンキ大学非常勤教授（Dosentti）。明治大学文学部卒業、ペンシルベニア大学大学院民俗学部博士課程修了。著書に『PTAという国家装置』等。

Ⓢ新潮新書

817

フィンランドの教育《きょういく》はなぜ世界一《せかいいち》なのか

著　者　岩竹美加子《いわたけみかこ》

2019年6月20日　発行
2019年10月10日　5刷

発行者　佐藤隆信
発行所　株式会社新潮社
〒162-8711　東京都新宿区矢来町71番地
編集部(03)3266-5430　読者係(03)3266-5111
https://www.shinchosha.co.jp

印刷所　株式会社光邦
製本所　株式会社大進堂

ISBN978-4-10-610817-4　C0237